农业市场营销

营销

打造有吸引力的
强势农产品

農業のマーケティング教科書 食と農のおいしいつなぎかた

［日］岩崎邦彦 著

姜华 译

人民东方出版传媒
People's Oriental Publishing & Media
东方出版社
The Oriental Press

图字：01-2021-5124 号

NOUGYO NO MARKETING KYOKASHO SHOKU TO NOU NO OISHII TSUNAGIKATA written by Kunihiko Iwasaki.

Copyright © 2017 by Kunihiko Iwasaki. All rights reserved.

Originally published in Japan by Nikkei Publishing Inc. (renamed Nikkei Business Publications, Inc. from April 1, 2020)

Simplified Chinese translation rights arranged with Nikkei Business Publications, Inc.

through Hanhe International (HK) Co., Ltd.

中文简体字版专有权属东方出版社

图书在版编目（CIP）数据

农业市场营销：打造有吸引力的强势农产品／（日）岩崎邦彦 著；姜华 译. —北京：东方出版社，2023.1

ISBN 978-7-5207-3004-4

Ⅰ.①农… Ⅱ.①岩… ②姜… Ⅲ.①农产品—市场营销—经验—日本 Ⅳ.①F733.13

中国版本图书馆 CIP 数据核字（2022）第 183296 号

农业市场营销：打造有吸引力的强势农产品

（NONGYE SHICHANG YINGXIAO：DAZAO YOU XIYINLI DE QIANGSHI NONGCHANPIN）

作　　者：〔日〕岩崎邦彦
译　　者：姜　华
责任编辑：申　浩
出　　版：东方出版社
发　　行：人民东方出版传媒有限公司
地　　址：北京市东城区朝阳门内大街 166 号
邮　　编：100010
印　　刷：北京联兴盛业印刷股份有限公司
版　　次：2023 年 1 月第 1 版
印　　次：2023 年 1 月第 1 次印刷
开　　本：880 毫米×1230 毫米　1/32
印　　张：6.25
字　　数：110 千字
书　　号：ISBN 978-7-5207-3004-4
定　　价：49.00 元
发行电话：（010）85924663　85924644　85924641

版权所有，违者必究

如有印装质量问题，我社负责调换，请拨打电话：（010）85924602　85924603

"世界新农"丛书专家委员会

（按姓氏汉语拼音排序）

白澄宇　联合国开发计划署中国可持续发展融资项目办公室主任
才　胜　中国农业大学工学院，硕士生导师
陈　林　首辅智库学术委员会副主任委员
陈　猛　厦门大学环境与生态学院教授
陈能场　广东省科学院生态环境与土壤研究所研究员，中国土壤学
　　　　会科普工作委员会主任
陈统奎　《南风窗》杂志前高级记者、全国返乡论坛发起人、6次
　　　　产业家社群营造者、火山村荔枝创始人
冯开文　中国农业大学经济管理学院教授
谷登斌　河南丰德康种业股份有限公司总经理、研究员，第四届国
　　　　家农作物品种审定委员会委员
侯宏伟　河南师范大学商学院MBA教育中心办公室主任，硕士生
　　　　导师
胡　霞　中国人民大学经济学院教授，博士生导师
宋金文　北京外国语大学北京日本学研究中心教授
仝志辉　中国人民大学农业与农村发展学院教授，中国人民大学乡
　　　　村治理研究中心主任
徐祥临　中共中央党校高端智库深化农村改革项目首席专家，经济
　　　　学教授、博士生导师，首辅智库三位一体合作经济研究院
　　　　院长
杨尚东　广西大学农学院教授
张耀文　德国国际合作机构（GIZ）职业教育与劳动力市场高级
　　　　顾问
周维宏　北京外国语大学北京日本学研究中心教授，博士生导师

出版者的话

在中国共产党第二十次全国代表大会开幕会上，习近平总书记指出要全面推进乡村振兴，坚持农业农村优先发展，巩固拓展脱贫攻坚成果，加快建设农业强国，扎实推动乡村产业、人才、文化、生态、组织振兴，全方位夯实粮食安全根基，牢牢守住十八亿亩耕地红线，确保中国人的饭碗牢牢端在自己手中。

乡村振兴战略的提出，让农业成为有奔头的产业，让农民成为有吸引力的职业，让农村成为安居乐业的美丽家园。近几年，大学生、打工农民、退役军人、工商业企业主等人群回乡创业，成为一种潮流；社会各方面的视角也在向广袤的农村聚焦；脱贫攻坚、乡村振兴，农民的生活和农村的发展成为当下最热门的话题之一。

作为出版人，我们有责任以出版相关图书的方式，为国家战略的实施添砖加瓦，为农村创业者、从业者予以知识支持。从2021年开始，我们与"三农"领域诸多研究者、管理者、创业者、实践者、媒体人等反复沟通，并进行了深入调研，最终决定出版"世界新农"丛书。本套丛书定位于"促进农业产业升级、推广新农人的成功案例和促进新农村建设"等方面，着重在一个"新"字，从新农业、新农村、新农人、新农经、新理念、新生活、新农旅等多个角度，从全球范围内精心挑选各语种优秀"三农"读物。

他山之石，可以攻玉。我们重点关注日本的优秀选题。日本与我国同属东亚，是小农经济占优势的国家，两国在农业、农村发展的自然禀赋、基础条件、文化背景等方面有许多相同之处。同时，日本也是农业现代化高度发达的国家之一，无论在生产技术还是管理水平上，有多项指标位居世界前列；日本农村发展也进行了长时期探索，解决过多方面问题。因此，学习日本农业现代化的经验对于我国现代农业建设和乡村振兴具有重要意义。

同时，我们也关注欧洲、美国等国家和地区的优质选题，德国、法国、荷兰、以色列、美国等国家的农业经验和技术，都很值得介绍给亟须开阔国际视野的国内"三农"读者。

我们也将在广袤的中国农村大地上寻找实践乡村振兴战略的典型案例、人物和经验，将其纳入"世界新农"丛书中，并在世界范围内公开出版发行，让为中国乡村振兴事业作出贡献的人和事"走出去"，让世界更广泛地了解新时代中国的新农人和新农村。我们还将着眼于新农村中的小城镇建设与发展的经验与教训，在"世界新农"丛书的框架下特别划分出一个小分支——小城镇发展系列，出版相关作品。

本套丛书既从宏观层面介绍 21 世纪世界农业新思潮、新理念、新发展，又从微观层面聚焦农业技术的创新、粮食种植的新经验、农业创业的新方法，以及新农人个体的创造性劳动等，包括与农业密切相关的食品科技进步；既从产业层面为读者解读全球粮食与农业的大趋势，勾画出未来农业发展的总体方向和可行路径，又从企业、产品层面介绍国际知名农业企业经营管理制度和机制、农业项目运营经验等，以期增进读者对"三农"的全方位了解。

我们希望这套"世界新农"丛书，不仅对"三农"问题研究者、农业政策制定者和管理者、乡镇基层干部、农村技术支持单位、政府农业管理者等有参考价值，更希望这套丛书能对诸多相关大学的学科建设和人才培养有所启发。

我们由衷地希望这套丛书成为回乡创业者、新型农业经营主体、新农人，以及有志在农村立业的大学生的参考用书。

我们会用心做好这一套书，希望读者们喜欢。也欢迎读者加入，共同参与，一起为实现乡村振兴的美好蓝图努力。

前　言

有大量高品质的东西

日本是一个盛产高品质的农产品和美味食物的十分了不起的国家，有大量丰富的山珍、野味和海味，农业技术水平也十分高超。我在全国各地询访生产者时，大多数人会如此回答：

"在味道方面不输给别人。"

"在品质方面有自信。"

"在技术方面不输给其他人。"

但是，在后面一定会接上这样一句话："就是，卖不掉。""就是，不挣钱。""就是，进展不顺利。"

在味道、品质、技术方面不比别人差，但为什么进展不顺利呢？

消费者在购买"吃的这件事情"而非"吃的东西"。

你在下面句子的空白处会填写多少金额呢？

● 购买番茄时，一次最多能付（　　　）日元。

● 购买茶叶时，一次最多能付（　　　）日元。

事实上，我在全国请了 2000 名消费者填写了金额①，各项的平均值如下：

"番茄" 329 日元

"茶叶" 848 日元

那么，下面的问题，如何填写呢？

● 为了令人感动的美味，你最多能付（   ）日元。

● 为了放松的片刻你最多能付（   ）日元。

2000 名消费者回答的平均值如下所示：

"令人感动的美味" 5292 日元

"放松的片刻" 3943 日元

价格是"价值"的晴雨表。前面消费者的支付容许额大概就显示了消费者感受到的"价值"的高低程度吧。"令人感动的美味"是"番茄"的 16 倍左右，"放松的片刻"大约是"茶叶"的 5 倍。

是的，消费者并非在购买番茄这种"农产品"，而是在为"美味"埋单。消费者并非想要"茶叶"，而是想通过喝茶来

---

① 2017 年 2 月，静冈县立大学经营情报学部岩崎研究室以全国 2000 名消费者为对象，开展了关于购物的调查。

岩崎研究室使用株式会社新市场所运营的调查专门网站"爱调查"，采用网页调查方式实施了这次调查。此次调查是以二十几岁到六十多岁的消费者为对象，性别均等（男性 50%，女性 50%），年龄分布也平均分配（二十几岁 20%，三十几岁 20%，四十几岁 20%，五十几岁 20%，60 岁及以上 20%）。

在本书中所实施的"消费者调查"及"全国农业从业者调查"的调查方法，只要是没有明确指出的，与此同样，均采用网络调查的方式。各调查的调查时期及采样数量在每个调查中都有标识。

"得到放松"。

消费者关心的不是农产品本身，而是该商品对自己有何种价值。因此，只是推销番茄，进展不会顺利；单单推销茶叶，进展也不会顺利。

被推销，没有人会愿意购买

"要推销农产品！""要推销当地产品！"

在全国各地经常可见这样的促销活动。然而，请大家仔细想一下，有多少人在被推销的方式下愿意购买产品呢？"要推销"的这种想法很难唤起消费者的购买热情，也很难让消费者掏钱购买。越是想推销，相反，消费者越是会把钱包捂得死死的。

越是被推销，人越会从感性出发而退缩。一旦感觉到别人要说服自己，人就会下意识地变得更加小心谨慎。

让我们从另一个角度来思考一下。

21 世纪的农业中，重要的不是推销这种"推力"，而是引导消费者的"引力"（吸引力）。

---

21 世纪的农业"推力"：农业生产者 →（推销）→消费者

21 世纪的农业 "引力"：消费者 →（想要购买）→ 农业生产者

把"饮食"与"农业"联系起来

决定农产品品质的不是生产者,而是"食客"。产生美味的地方不是农场,也不是卖场,而是在生活之中。

只把农业当作生产农产品的农业,似乎已经终结了。伴随着时代的发展,农业的概念也在不断发展进化。

21世纪的农业并非生产出农产品就结束了,也并非将被生产出来的产品推销出去就可以了。而是要提高农产品的吸引力,引导消费者,将"饮食"与"农业"联系起来。

那么,怎样才能生产出"具有吸引力的农作物"呢?怎样才能将饮食与农业有效地联系起来呢?这是本书的主要课题。

关键词是"市场"。

从这里开始,让我们一起来思考将饮食与农业联系起来的方法吧。

目　录

第3章

决定品质的是消费者

第4章

进展顺利的农家
有什么样的特征

第5章

如何才能打造强悍的品牌

第6章

"差异化"产生价值

第7章

如何做，第六次产业化才能成功

第 1 章

再定义农业

"农业"与"食物"是强国的共同点

虽然有些唐突，但请大家先看一下表 1-1。

表 1-1 人均农产品和粮食产品出口额世界排名

排名	国家	单位：（百万美元）
1	冰岛	6.286
2	荷兰	5.083
3	新西兰	4.222
4	比利时	3.546
5	丹麦	3.101
6	爱尔兰	2.664
7	卢森堡	2.222
8	挪威	2.220
9	新加坡	2.074
10	立陶宛	1.575

注：以上数据为笔者统计，以人口超 30 万的国家为统计对象
来源：人口数据来自世界银行统计（2016），出口额（农产品、粮食产品）数据来自 UNCTAD（2016）

该表是根据"人均农产品和粮食产品出口额"列出的世界排名。

如果一个国家"人均农产品和粮食产品出口额"较高，那

么在该国，"农业""食物"的相对地位就高，这也能间接说明该国具有一定的国际竞争力。

举例来说，第一名的冰岛，第二名的荷兰，第三名的新西兰，三个国家的渔业、园艺、畜牧及乳制品产业在国际上都相当具有竞争力。而且在这几个国家，农业、水产业等第一产业都具有很高的社会地位，其相关职业也很受欢迎。

至此，让我们一起再来看一下表1-2。该表为"幸福度"的世界排名。

表1-2　世界幸福度排名

排名	国家	排名	国家
1	瑞典	11	智利
2	澳大利亚	12	英国
3	新西兰	13	卢森堡
4	加拿大	14	比利时
5	荷兰	15	德国
6	芬兰	16	爱尔兰
7	瑞士	17	美国
8	冰岛	18	奥地利
9	丹麦	19	哥斯达黎加
10	挪威	20	以色列

来源：World Happiness Report（2017）

希望大家注意一下幸福度排名前十的国家。先前在"人均农产品和粮食产品出口额"世界排名中位居前十的国家中，有五国再一次出现在了该表里。

表1-3 "人均农产品和粮食产品出口额"与"幸福度"

排名	国家	
1	冰岛	幸福
2	荷兰	幸福
3	新西兰	幸福
4	比利时	幸福
5	丹麦	幸福
6	爱尔兰	幸福
7	卢森堡	幸福
8	挪威	幸福
9	新加坡	
10	立陶宛	

注:"幸福"指幸福度排名世界前20名以内

如果将范围拓宽至前20名来看的话,二者的一致度就会更高。"人均农产品和粮食产品出口额"前八名的国家全部进入了"世界幸福度排名"前20位的行列。

农业、食物相关产业占国内产业中较高地位的国家,幸福度也会呈现相对更高的趋势。这两组世界排名之间的相似性,难道只是偶然吗?如果这只是凑巧,那二者的一致度未免也太高了些吧。

就以上这一点,让我们接着往下看。

"美味"所蕴含的深意

如果是你，会在下面等式的空格里填入什么语言呢?

美味 =（　　　　　　　　　）

让我们一起来看看全国 2000 名消费者所填入的内容吧（表 1-4）。

表 1-4　美味 = XXX

排名	关键词	出现频率
1	幸せ（幸福）	584
2	嬉しい（开心）	152
3	楽しい（快乐）	121
4	幸福（幸福）	103
5	満足（满足）	94
6	笑顔（笑容）	43
7	食べたい（想吃）	37
8	元気（有活力）	32
9	ハッピー（愉快）	29
10	好き（喜欢）	28

来源：全国 2000 名消费者调查，岩崎实验室（2017 年 2 月）

绝大多数人填写的词语是"幸せ",即幸福之意。尽管我们没有提供任何选项,只让消费者们自由描述,但 2000 人中还是有 584 人不约而同地在脑海里浮现了"幸せ"一词。如果再加上"幸福""ハッピー"等类似的同义词,那比例就更高了。

接下来这个问题,你又会怎么回答呢?请在括号中填入你看到这句话时大脑中最先浮现的词语。

一吃到美味的食物,就(　　　　　)

这项调查的结果见表 1–5。

表 1–5　一吃到美味的食物,就……

排名	关键词	出现频率
1	幸せ（幸福）	850
2	嬉しい（开心）	320
3	笑顔（笑容）	127
4	元気（有活力）	66
5	満足（满足）	64
6	楽しい（快乐）	64
7	心（内心）	40
8	満たされる（得到了满足）	33
9	ハッピー（愉快）	18
10	幸福（幸福）	16

注:出现频率前十位的词语

来源:全国 2000 名消费者调查,岩崎实验室（2017 年 2 月）

在这里，绝大多数人填的都是"幸福"。每当吃到美味的食物，人的内心就会充满了幸福感。美味不仅可以填饱肚子，而且还能满足内心吧。

照这样想来，我就有些理解为什么人们不说"山中食材"而要叫"山珍"，不说"海中食材"而要称其为"海味"了。

农产品、海产品等第一产业产品，能够给我们带来"美味"的感受，也是"幸福"的源泉。

山中食材→山珍

海中食材→海味

"农业"、"食物"与"幸福"的关系

可是，在"人均农产品和粮食产品出口额"与"幸福度"的世界排行中，日本又处在怎样的位置呢？

日本在"人均农产品和粮食产品出口额"排行中位列117位，"幸福度"排行中位列51位。这个结果看上去令人有些遗憾。不过，往好的方面想，我们可以把这当作"还有很大的进步空间"。

表1-6　人均农产品出口与幸福度

人均农产品和粮食产品出口额	日本117位
幸福度	日本51位

来源：同表1-1、表1-2

虽说日本的幸福度在世界上的排名并不高，但同样居住在日本，有幸福度很高的人，自然也有幸福度很低的人。

那么，先前世界排名所呈现的农业与幸福度之间的关系，在日本国内也同样适用吗？让我们根据全国消费者调查的数据结果，一起探索一下"农业"与"幸福"的关系吧[1]。

分析结果如图1-1所示。

从该图中，可以得出以下两点结论：

①越是认为农业贴近自己生活的人，"幸福度"会越高。

②越是感觉日常饮食和农业距离近的人，"幸福度"会越高。

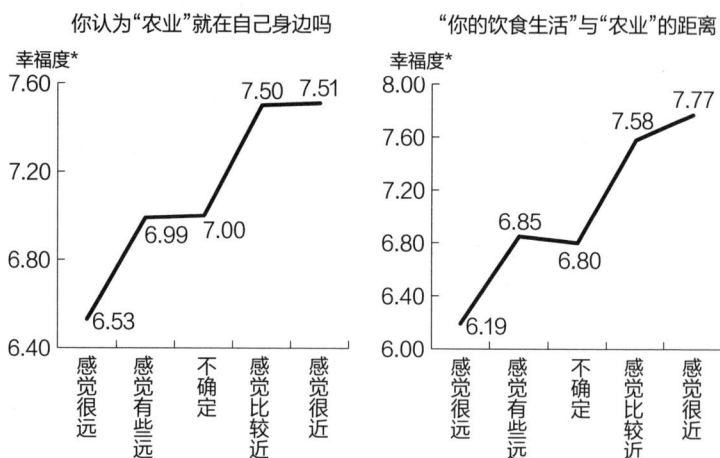

图 1-1　心理上同"农业"的距离与幸福度的关系

* 幸福度的测算方法于章末注释 1 记载

来源：全国 1000 名消费者调查（2016 年 2 月）

为什么会呈现这样的关系呢？

或许，"农业"是通过"食物"来影响幸福度的。于是，我运用先前的消费者数据，根据统计结果试着探索了"农业"、"食物"与"幸福"三者之间的关系。

分析结果如图 1-2 所示。

"农业"、"食物"与"幸福"三者之间，很明显存在着积极的关联。

从以上结果来看，"消费者"与"农业"之间，心理上的距离感越近，饮食方面的满意度就会上升，幸福感也会随之

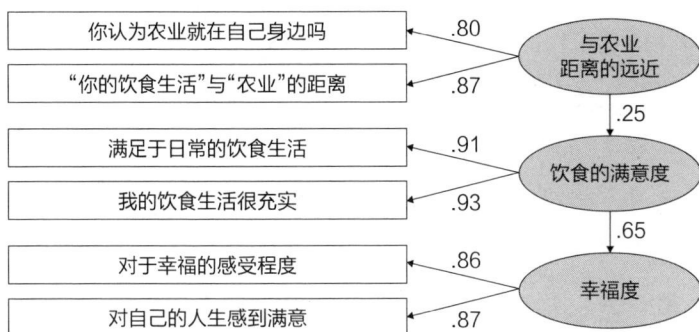

图1-2 "农业"、"食物"与"幸福度"之间的关系分析结果

注：分析方法为共分散构造分析法，数据为标准化估值（以1%为基准）

来源：全国1000名消费者调查（2016年2月）

提升。

"农业"的前方是"美味"，"美味"的前方是"幸福"（图1-3）。

图1-3 "农业"的前方是"幸福"

农业，并不单单指农产品的生产工作。农业作为人类幸福感的来源，是十分崇高的事业。为农业与农村注入活力，并不仅仅与农业领域相关，更与人类的幸福感紧密相连。

如此想来，现代农业的含义已经超越了"农产品的生产事业"这一字典上的含义，如今将其重新定义为"创造幸福的事业"也不为过。

【注释 1】

具体问题与评价标准如下：

幸福度

● 日常生活中对于幸福感受到何种程度（分成从 0 非常不幸—10 非常幸福的 11 个等级）

● 对自己的人生感到满意（分成从 1 我不这样认为—5 我这样认为的 5 个等级）

心理上同农业的距离感

● 你认为"农业"在自己身边吗（分成从 1 感觉不到在身边—5 感觉就在身边的 5 个等级）

● 对于"你的饮食生活"与"农业"之间的距离有何感受（分成从 1 感觉很近—5 感觉很远的 5 个等级）

饮食生活的满足程度

● 我的饮食生活非常充实（分成从 1 我不这样认为—5 我这样认为的 5 个等级）

● 对日常饮食感到满足（分成从 1 我不这样认为—5 我这样认为的 5 个等级）

第 2 章

农业的市场化构思

正如前一章所说，农业是成为人们"幸福"的源泉的产业。然而，如今却有不少农民正因为农产品滞销、不挣钱和困难多而烦恼。

那么，如何才能让这些农民展开笑颜呢？如何才能为农业注入活力呢？

那便绕不开一个关键词——"市场营销"。

在这个时代，要想为农业注入活力，市场营销的理念必不可少。在这一章里，我们就来具体地聊一聊"农业的市场营销"。

什么是市场营销?

要想实现成功的市场营销,第一步需要做什么呢?那就是针对"什么是市场营销"这个问题确立一个明确的方向。

所谓市场营销,用一句话来概况,即"创造顾客的活动"。在农业中,要想创造更多顾客,就必须将农业与食物联系起来。

所以在本书中,我对"农业的市场营销"做出以下定义:

农业的市场营销是将"农业"与"食物"相联系,并吸引顾客的活动。

那么,怎样才能吸引到顾客呢?其关键并不在于农产品这一"物品",而在于农产品中的"价值"。

以下是几个例子:

●当我们买番茄时,我们买的不是"农作物",而是"价值"。如美味、健康和精致的餐桌。

●当我们买茶叶时,我们买的不是"农作物",而是"价值"。如放松、健康和平和的心情。

●当我们买鳗鱼时,我们买的不是"海产品",而是"价值"。如美餐、健康和营养。

●当我们买花时,我们买的不是"植物",而是"价值"。

如感谢的心情、治愈和舒适的空间。

消费者购买的不是"物品",而是"价值",这便是市场营销的理念。但生产者却往往陷入"贩卖农作物""贩卖食物"的观念中。

让我们换一种思维方式吧。

消费者如果认定一样东西对于自己没有任何价值,就算是一日元也不会掏的。

为何"食物"纪念日无法普及

日本有数不清的"食物"纪念日——"大米日""蔬菜日""番茄日""金枪鱼日""香蕉日""乌冬面日""酸奶日"……

你知道它们分别是几月几日吗?

它们依次为每年的 8 月 8 日、8 月 31 日、10 月 10 日、10 月 10 日、8 月 7 日、7 月 2 日和 5 月 15 日。想必大多数人都闻所未闻吧。此外,我正在写这篇文章的 5 月 25 日是"宫崎芒果日"。

你会在大米日(8 月 8 日)这一天比平时更想吃大米吗? 会在蔬菜日(8 月 31 日)这一天比平时更想吃蔬菜吗?

一旦实际去询问消费者的话,几乎大部分人的回答是"不会"。

为什么大多数"食物"的纪念日都没能普及呢?

其原因便是这些纪念日仅仅诉诸"物品"而非"价值"。即使被推销了物品,消费者也难以找到吃的理由和买的理由,所以这一方式往往不奏效。

以下的哪一条信息更能打动你的心呢?

● 母亲节 "买一株康乃馨吧!"

● 母亲节 "将感谢的心情送给母亲吧!"

大部分人应该都会选择后者。

与"食物"纪念日不同，大部分人也都知道例如"母亲节"
"情人节""土用丑日^①"。

如果"母亲节"是"康乃馨节"的话，还能否像如今一样普
及呢？如果不称之为"情人节"而是"巧克力节"的话又会是
怎样呢？如果不是"土用丑日"而是"鳗鱼日"又会是怎样呢？

恐怕是无法普及开来的吧。

> *"母亲节" = 对母亲的感谢*
> *"情人节" = 爱情*
> *"土用丑日" = 克服酷暑的活力*

无论哪一个节日，都正因为不是通过诉诸"物品"，而是用
"价值"吸引顾客才得到普及的。

---

① 三伏天之间的丑日，日本有在土用丑日食用鳗鱼的习俗。

从"吃的东西"到"吃这件事"

能让消费者感到有价值的并不是农作物和食物这些"吃的东西"，而是精致的餐食和温馨的饭桌所代表的"吃这件事"。

通过浏览网络上的博客也可以得知消费者所关心的是什么。如图 2-1 所示是全国范围内包含"农产品"、"食物"和"进餐"这几个单词的博客申请数量的对比，出现"进餐"一词的博客数量是"农产品"和"食物"加起来的 8 倍以上。

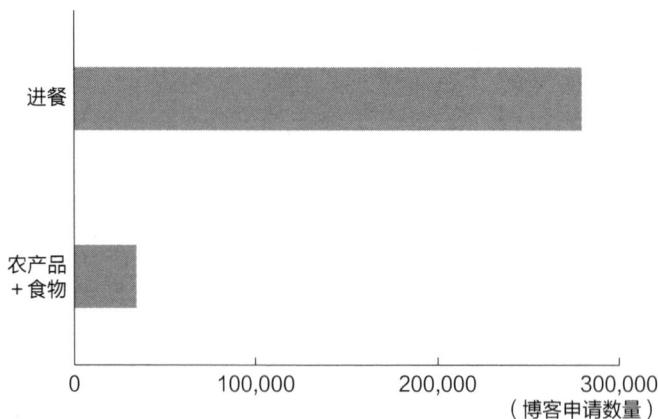

图 2-1　出现该单词的博客申请数量

注：此数值为 2016 年 6 月 4 周内的合计数值，该结果由博客口碑调查网站计算得出

从这个结果也可以明显看出，人们所关心的并不是"吃的

东西"（农产品、食物），而是"吃这件事"（进餐）。

那么，将"农产品（吃的东西）"转化为"美味（吃这件事）"的关键词是什么呢?

那便是"市场营销"。

对于市场营销的关心日益高涨

现在请看图 2-2，这张图展示了包含"农业"和"市场营销"两个词的新闻稿数量的长期推移变化。

稿件数

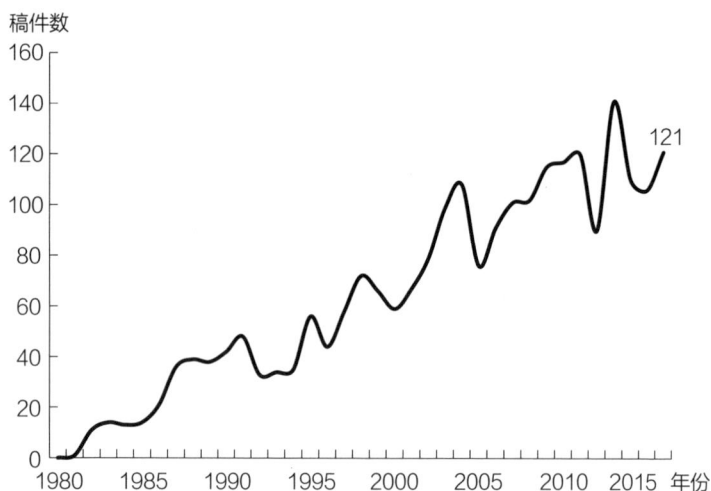

图2-2　有关农业市场营销的新闻稿件数量的变化

注：此数值为"农业"和"市场营销"两个词在 5 份全国性报纸以及日经产业新闻、日经 MJ 的新闻标题、正文中同时出现的次数

1980 年的新闻稿数量为 0，或许在那之前，可以简单地认为"农业＝生产农产品"吧。

然而，进入 80 年代后，有关农业市场营销的稿件数量不断增多。新闻稿件数量增多说明在农业领域对市场营销的关注度高涨起来。

　　是的，在"生产农产品"的基础上，再添加不可欠缺的"制造顾客"这一新视角的时代已经来临。

"销售"与"市场营销"不同

通过在农业现场的了解，我发现很多从事农业相关工作的人都将市场营销简单地理解成了与"销售"或"推销"相同的意思。

"销售"和"市场营销"乍一听很像，但其背后的理念却恰恰相反。为了更好地理解市场营销的理念，下面让我们把"销售"和"市场营销"进行一个对比。

拿"吃"举例，销售和市场营销在理念上的区别如下：

- **销售**　　　　　**"请您一定要吃"**
- **市场营销**　　　　**"我一定要吃"**

销售和市场营销在"理念的出发点"上便是 180 度的大转弯。

销售＝"请您一定要吃"说明销售的出发点是农产品和生产者，而不是消费者。"我一定要吃"在这里明显不适用。

然而，市场营销的出发点是顾客。

市场营销主张"我想吃"。不是告诉顾客"请您一定要吃"，而是让顾客觉得"我一定要吃"。

将买方作为主体，这便是市场营销的理念。

形成消费者视角了吗

从生产者相关的数据中也可以看出消费者视角的重要性。我向全国的农民问了如下问题：

你更接近于"重视生产者视角"还是"重视消费者视角"？

调查结果见表 2-1。

表 2-1 生产者视角还是消费者视角？

更接近于哪一项	生产者视角	稍微趋向生产者视角	稍微趋向消费者视角	消费者视角
重视生产者视角	5.3%	42.2%	43.5%	9.0%
重视消费者视角				

注：调查对象为全国 20 岁以上的个人农户以及农业法人经营者。调查方法记载于《序章》的（注 1）

来源：全国农业者调查（n=469）（岩崎研究室，2016 年 2 月）

重视"生产者视角"的生产者和重视"消费者视角"的生产者的比例大体相同，各约占一半。

对这一问题的回答结果与"业绩"的关系如图 2-3 中的折线所示。

（主成分得分）

0.50

0.40   0.38

0.30

0.20

业
绩 0.10

0.00   0.02

-0.10   -0.07

-0.20

-0.23

-0.30

生产者视角   稍微趋向   稍微趋向   消费者视角
              生产者视角   消费者视角

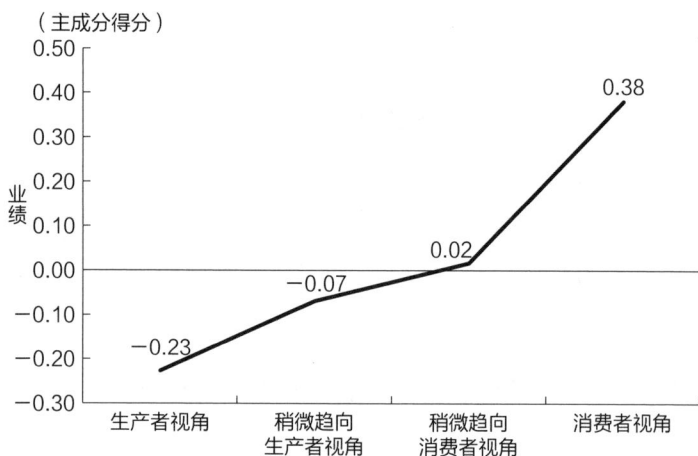

图2-3　农民的视角与"业绩"的关系

注1.业绩为"当下的景气程度""销售额变化""农业收益"这三个变量计算出的主成分得分（平均值＝0，标准偏差＝1）

注2.分散分析呈现0.05水准差异

来源：与表2-1相同

　　从图中可以看出，折线一直保持着上升趋势。非常明显，具有消费者视角的生产者有着更好的业绩。

　　图2-4呈现出不同视角下的销售额的变化情况。与"生产者视角"的农民相比，"消费者视角"的农民的销售额也在不断上升。

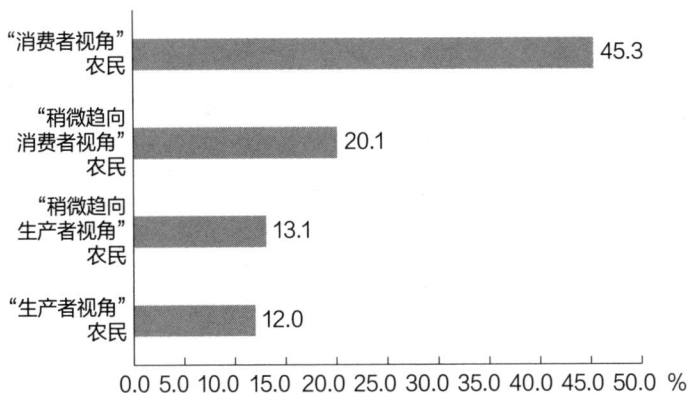

图 2-4 农民的视角与"销售额增加"的关系

注：销售额变化表示的是与三年前的比较结果，销售额增加指"增加 5% 以上"的情况

来源：与表 2-1 相同

和顾客面向同一方向

在市场营销中最重要的是以"消费者视角""生活者视角"来思考。也就是说，生产者和消费者是面向同一方向的（图2-5）。

图2-5　生产意向、销售意向、市场营销意向的比较

● 生产者并不是单纯地面对农产品。也就是说，不能只有"生产意向"

● 生产者并不是单纯地面对消费者。也就是说，不能只有"销售意向"

● 生产者和消费者面向同一方向。这就是"市场营销意向"

在和消费者面向同一方向的基础上，比消费者先行一步。也就是说，在想象和理解消费者心理的基础上，向消费者提出有价值的建议。当"消费者的想法"和"生产者的想法"产生共鸣的时候，就会产生美味的感动。

　　具有市场营销意向的农民不可或缺的是以下 3 种力量：

- 想象顾客的内心和生活的能力＝"想象力"
- 感受顾客的心情＝"共鸣力"
- 领先顾客一步，建议消费者想购买的东西的能力＝"建议力"

说起来容易，做起来难

"消费者视角""市场营销意向"说起来很简单，一旦实行起来就会变得困难。确实，"说起来容易，做起来难"。让我们来看看这一点。

这里我提一个问题。

你想在下面的空格栏里填入什么词呢？

番茄 + （   ） = 满足

首先，我请番茄的"生产者"做了回答。

结果见表2-2。

"美味""品质""好吃·可口"是出现频率排名前三的词语。

表2-2　生产者列举的词语

排名	关键词	出现频率
1	美味	25
2	品质	6
3	好吃·可口	6

来源：番茄的生产者调查（$n=75$）（岩崎研究室，2016年9月）

我向作为买方的"消费者"也提出了完全相同的问题。消费者填入了什么样的词语呢？

结果见表2-3。

表2-3　消费者列举的词语

排名	关键词	出现频率
1	奶酪	126
2	意面	84
3	盐	81

来源：对1000名消费者的调查（居住在东京都的20-60岁的男女，2013年12月）

前三名是"奶酪"、"意面"和"盐"。消费者列举的词语和生产者的回答完全不同。

这个结果暗示了什么呢？

生产者和消费者所看到的东西是不同的吧。生产者将番茄看作农产品（吃的东西）。即使头脑中认识到"消费者视角"的重要性，也可能会无意识地将"农业"和"食物"分离，变成生产者的视角。

另一方面，消费者看到的是有番茄的饭菜（吃这件事）（图2-6）。在消费者的头脑中没有"农业"和"食物"的界限，两者融为一体。

从这个结果也可以看出，生产者很难变成真正的"消费者视角"。话虽如此，消费者视角不能只停留在单纯的口号上，有必要付诸行动。

那么，怎样才能使生产者的视角和消费者保持相同的方向呢？

生产者视角   消费者视角
"番茄这种农产品"   "有番茄的饭菜"

图 2-6 生产者与消费者的视角对比

将"生产者视角"强制性变成 "消费者视角"的方法

在这里，我将介绍一下将生产者的视角转变180度，变为"消费者视角"的方法。改变视角的话，看到的景色应该完全不同。

① 把"卖"作为禁忌的词语，换成"买"

从农业现场或农业领域的报告等来看，"推销""销售"这两个词语使用得很频繁。只要使用了"推销""出售"等词语，就无法摆脱生产者的视角吧。只想着"卖"的话，就会只关注商品，视野会变得狭窄。

把"推销""出售"这样的词语作为禁忌的词语吧。取而代之，要使用"想买""买"这样的字词。这样的话，视角应该会有180度的转变。

- 卖→主体是卖方
- 买→主体是买方

② 不是从"什么"，而是从"为什么"角度出发考虑问题

有生产意向的人考虑"制造什么"，有销售意向的人考虑

"贩卖什么"。

另一方面，倾向于市场营销意向的人们会考虑消费者"为什么买"。

为了变成消费者的视角，不要想着卖"什么"，而要考虑"为什么"买。"什么"是眼睛看得见的"东西"，而"为什么"是眼前看不见的"价值"。

- 为什么消费者会想吃这个商品呢？
- 为什么消费者不选择其他品牌，而是选择这个品牌呢？

对于这两个问题的回答便是对于买主来说的"价值"。

单纯地说"很好吃，请吃吧"，消费者是很难动心的。

有必要给出具体的选择理由。

在"为什么"之前应该是市场营销的本质。

要注意以"为什么"为出发点考虑问题。

- 生产意向→生产什么产品
- 销售意向→销售什么产品
- 市场营销意向→为什么消费者要购买

③ 并非"吃的东西"而是想象成"吃这件事"

最近，市场上多了许多印有生产者名字和照片的农产品。也就是所谓的"看得到生产者的农产品"。

然而，在消费者眼里，最重要的或许并不是"能看见生产者的农产品"而是"能看见消费者的农产品"。

时代正由"物欲消费"向"时间消费"转变。再次强调一遍，能让消费者感到有价值的，不是单纯的农产品、食物之类的"吃的东西"，而是坐在美味餐桌前享受美食的"吃这件事"。

试着想象这样的场景：自己种植的农产品，被精心烹饪，端上餐桌，消费者面露微笑地去享用。

④ 并非以"生产农产品"，而是以"创造顾客"为理念

以往的农业生产被认为是"生产农产品"，也就是说，过于将重点放在生产环节上。以"生产农产品"为理念，自然而然的就变成了生产者视角。

然而不妨转变一下思路，以"创造顾客"为理念。

这样一来，生产者视角应该就会以顾客为起点，发生 180 度的转变。

今后的农业，仅靠"生产农产品"是不能顺利发展下去的，"创造顾客"理念必不可少。生产与市场营销，就像是车的两个轮子，并驾齐驱，不可或缺。

- 生产→生产农产品
- 市场营销→创造顾客

⑤ 去零售店，自掏腰包购买自己生产的农产品

你在商店买过几回自己生产的农产品呢？

我问了一些农民，他们大都没有购买过自己生产的农产

品。这样一来，就难以真正站在消费者角度考虑问题。

不妨试着自己花钱去零售店买自己生产的农产品。自掏腰包的话，自己的产品就会在自己的脑海里有一个清晰的定位，能够切身体会到花钱的肉痛感。这正是消费者视角。为了不忘记这种感觉，就定期地亲自去购物吧。

第 3 章

决定品质的是消费者

生产者视角的品质 ≠ 消费者视角的品质

"对品质有着极度的自信，但却苦于销售。"

最近，在农业生产现场，经常能听到这样的声音。

虽然我国农民生产的农产品品质高，农业加工技术极强，但也有很多农民业绩不佳。这意味着什么呢？

恐怕，仅凭生产者视角的品质，农业市场营销无法顺利进行。

卖方认为的品质与买方感知到的品质未必是相同的。甚至可以说，两者的评判标准相差甚远。

在专业人士云集的业界品评会上评出的"最高品质"的商品未必会赢得消费者青睐，相反，在品评会上评价不高的商品却有可能畅销。

生产美味的地方不在农场而在用餐场所

最终决定"好吃，还是不好吃"的不是生产者而是消费者。使农产品价值有形化的是用餐场所。

从过去到现在，仅凭生产者自己的标准在不断地"要提高品质，要提高品质"的农民，不是有很多吗？

如果这样下去，有可能只是生产者的"自我满意度"提高了，而"顾客满意度"并没有提高。

不能传递给消费者的品质，不过是自以为是罢了。为了实现被消费者选择，理解消费者的标准，提高评价是不可缺少的。

人，不仅是靠舌头来品尝的

"农产品的内涵十分重要。"

很多农业生产者这样说道。内涵十分重要是毋庸置疑的。但是，如果仅靠内涵，还不能让消费者产生购买的心理。感受"美味"的过程，是十分复杂而纤细的。人不仅靠味觉来品尝，还用包括视觉、嗅觉、听觉、触觉在内的五感来品尝。

既有舌头品尝到的美味，也有用眼睛、鼻子、耳朵等所感受到的美味。

而且，人的大脑和内心，也会感受到美味。既有"用五感感受的美味"，也有"用大脑想象的美味"和"内心感受的美味。"

例如，有关食物的知识、口碑传播、品牌形象等存在于消费者脑海里的各类信息，都会对美味产生影响。

家常菜和爱心便当等用心做的食物，应该会让人觉得更加美味。相反，如果有悲伤或不安等消极情绪，那么吃什么都不香。

试着想象一下医院的病号餐。

一听到病号餐，很多人就会回答 "好像不好吃"（表3-1）。即使是同样的食物，在医院和在酒店，也会有完全不同的结果。

表 3-1 医院、酒店的伙食看起来好吃吗

（%）

	看上去 不好吃	看起来 不太好吃	不能说 是哪一个	看上去 有点好吃	看起来 很好吃
医院的伙食	27.9	44.6	21.1	4.8	1.6
酒店餐厅的伙食	0.4	1.6	18.2	40.2	39.6

来源：全国 1000 名消费者调查（2016 年 2 月）

当然了，也有医院的伙食确实不好吃这种情况。但也有由于生病心里不安而觉得不好吃，或者医院的气氛让人食欲不振等这样的心理因素存在。

美味产生于"五感"与"大脑"和"内心"的"乘法"（图3-1）。

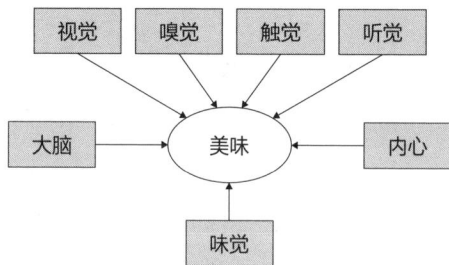

图 3-1 "美味"="五感"×"大脑"×"内心"

这样想来，就能理解为什么美味不产生于农场了。也应该能够理解，为什么只注重农产品，很难提供"美味"了。

如何提高知觉品质

为了唤起消费者"想吃的心情"，不仅要提高生产者视角的品质，还要提高消费者所感受到的品质，也就是说，必须提高"知觉品质"。

那么，怎样才能提高"知觉品质"呢？

下面，通过对消费者数据的分析，来看看提高知觉品质的要点吧。

① 通过"品牌"提高知觉品质

现在，即使在农业领域，人们也会关注"品牌"。理由之一是"品牌"能提高知觉品质。下面我来介绍一个实验。

具体的操作如下。

向来自全国的 2000 名消费者展示"装在盘子里的草莓"的照片，并且询问他们如果在餐厅吃这些草莓，最多会支付多少钱。

这些回答者看到的草莓照片完全一样。唯一不同的是，向 A 组（回答者的 50%）显示的照片上，照片的上方只显示"草莓"二字，而向 B 组（回答者的 50%）显示的照片上则写着"甘王"（福冈县著名特产，请参照图 3-2）。A、B 组随机分成两半。

A组（回答者的50%） B组（回答者的50%）
"草莓" "甘王"

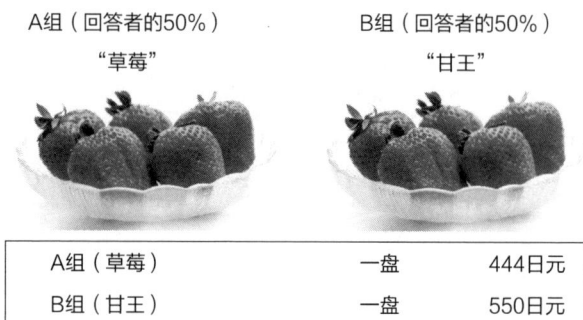

| A组（草莓） | 一盘 | 444日元 |
| B组（甘王） | 一盘 | 550日元 |

图3-2　通过品牌提高知觉品质（1）

来源：全国2000名消费者调查（2017年2月）

那么实验结果如何呢？

在A组，一盘草莓的平均价格是"444日元"。而在B组是"550日元"。

尽管是相同的草莓，但仅仅标上"甘王"两个字，他们愿意支付的价格就增加了两成以上。看吧，这就是品牌的力量！

接下来，让我们来看看牛肉的实验吧。

给A组（回答者的50%）显示的照片上，只写着"牛肉"二字。而给B组（回答者的50%）显示的照片上则写着"松阪牛"（图3-3）。其他条件完全一样。

然后询问他们，如果在餐厅吃照片上的牛排的话，一份最多愿意支付多少钱。A组的平均价格是"2068日元"，而B组的平均价格则是"2518日元"。仅仅标示了"松阪牛"三个字，他们愿意支付的价格就增加了两成以上。

很明显，强大的品牌会提高消费者的知觉品质。那么，怎样才能形成强大的品牌呢？关于这一点，将在第5章进行讨论。

A组（回答者的50%）
"牛肉"

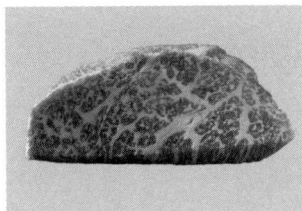

B组（回答者的50%
"松阪牛"

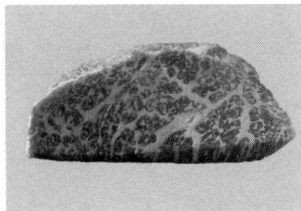

A组（牛肉）	一盘	2068日元
B组（松阪牛）	一盘	2518日元

图 3-3　通过品牌提高知觉品质（2）

来源：同图 3-2

② 用"可视化"来提高知觉品质

我们经常可以听到"哇！看起来很好吃"这句话。从中可以看出，我们不是吃了再看，而是看了之后再吃。视觉会改变味道。闭上眼睛吃饭的话，好吃的味道会减半。

试着用汉字写下"美味"吧。美味，没错，即"美好的味道"。为了唤起美味的心情，"美"和"味"的融合是不可缺少的。

农业产品的市场营销不是"味觉比视觉更重要"，而是"视觉和味觉都重要"。

美味＝美+味

味道是无形的

如果向农民询问"作为生产者，最注重的是什么"，很多人会回答"味道"。当然，味道很重要。

但是无论生产者怎么说"我生产的农产品很好吃"，那种好吃的味道都是看不见的。味道没有形状。如果看不见的话，人就会感到不安。因此，消费者希望可以看到"美味"。

把美味"可视化"吧。那样的话，知觉品质应该会提升。

例如，商品的"包装"既不是单纯的包装纸，也不是箱子。包装是"品质、美味以及讲究的形状"。不仅仅是包装，宣传单、POP、网站的首页、标签等这些可以映入消费者眼帘的东西，全都可以影响知觉品质。甚至连标签和包装上的字体也会影响知觉品质。

下面，我们来看看这项实验结果吧。

字体会影响味道吗

具体的实验操作如下。

向全国 1000 名消费者展示了"泡在茶杯里的绿茶"的照片，询问他们如果在咖啡厅喝这杯绿茶的话，一杯最多会支付多少日元。

这 1000 人看到的绿茶照片完全一样（图 3-4）。

A组（回答者的50%）　　　　　B组（回答者的50%）

静冈的优良茶园的　　　　　静冈的优良茶园的
高级绿茶　　　　　　　　　高级绿茶

| A组（行书体） | 一杯绿茶 | 305日元 |
| B组（POP体） | 一杯绿茶 | 275日元 |

图 3-4　字体会提高知觉品质

来源：全国 1000 名消费者调查（2015 年 2 月）

唯一不同的是，给 A 组（回答者的 50%）展示的是"行书"的"静冈的优良茶园的高级绿茶",给 B 组(回答者的50%)展示的是"POP 体"的"静冈的优良茶园的高级绿茶"。

那么实验结果如何呢?

虽然向这 1000 名消费者展示的是完全相同的绿茶照片,但是 A 组的结果,一杯绿茶的平均价格是"305 日元",而 B 组则是"275 日元"。统计上也存在着明显的差异。

所以通过改变字体,"知觉品质"真的会发生变化。这个结果也证实了美味的"可视化"是多么重要。

高级感和视觉

你会在下面这个句子的空格处填入什么词呢?

我感觉(　　　)的草莓是高级的。

让 1000 名消费者自由填入词语,结果见表 3-2。出现频率高的单词从第 1 名到第 8 名都是关于"视觉"的。特别是"光泽""粒大""红色"等视觉信息,是让人感受到高级感的关键点。

外观和品质的关系

具体来说，外观对品质的评价有着怎样的影响呢？向消费者出示4张草莓的照片，来研究视觉评价和品质评价的关系（图3-5）。

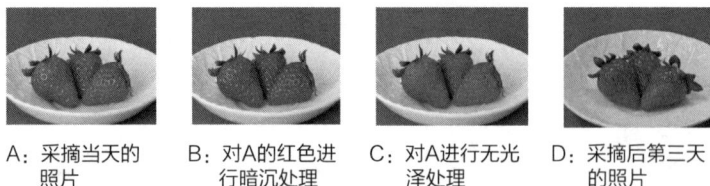

A：采摘当天的　　B：对A的红色进　　C：对A进行无光　　D：采摘后第三天
照片　　　　　行暗沉处理　　　泽处理　　　的照片

图3-5　展示给消费者的四张草莓的照片

来源：同表3-2

根据分析的结果，我们明确了以下五点：

- 最能影响"高级感"的视觉要素是"光泽"。
- 最影响"甜度"判断的视觉要素是"红色的深浅"
- 最影响"美味"判断的视觉要素是"光泽"
- 最影响"新鲜度"判断的视觉要素是"光泽"
- 最影响"味道浓厚"判断的视觉要素是"红色的深浅"

总而言之，消费者是通过草莓的"光泽"来判断草莓的高级感、新鲜度和味道，通过草莓"红色的深浅"来判断味道的甜度和浓淡的（图3-6）。

表3-2 什么样的草莓能让你产生高级感呢

排序	关键词	出现频率
1	光亮·润泽·颜色鲜明	155
2	颗粒	153
3	鲜红	143
4	大	121
5	饱满	119
6	红	105
7	色深·味浓	92
8	漂亮	89
9	甜	69
10	新鲜	63

注：提取出现频率高（前10名）的单词
来源：居住在东京都的1年内会买1次以上草莓的1000名女性
岩崎研究室·静冈县农林技术研究所调查（2014年1月）

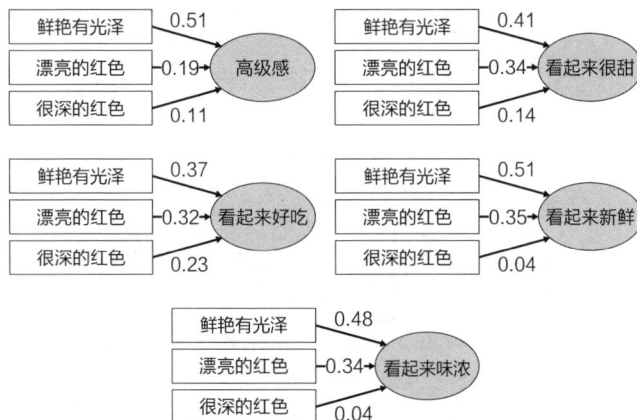

图3-6 外观和品质判断之间的关系

注：分析方法是逐步回归分析法。图中的数字是标准化回归系数（表示对各品质评价的影响度）
来源：同表3-2

人们通过肉眼可见的草莓的特征来推断肉眼看不见的"品质"和"味道"。

所以，我们要积极地将美味"可视化"！

③ "语言化"可以提高知觉品质

"许多农民说不出自己种植的农产品的特征。"

这是某一食品物流公司的言论。

将产品的美味用语言表达出来，也就是所谓的"语言化"，也能有效地提高知觉品质。

下面的 A 和 B 中，哪一个让你觉得更有吸引力呢？

A: 优质生菜　　　　　　B: 水灵灵脆生生的生菜

A: 优质牡蛎　　　　　　B: 肥得快要从壳中溢出的
　　　　　　　　　　　　富有弹性的牡蛎

A: 优质戚风蛋糕　　　　B: 绵软湿润的戚风蛋糕

消费者调查的结果见表3-3。

表3-3　将美味"语言化"的效果

A和B哪个 更有吸引力?	A	偏A	很难说	偏B	B
A 优质生菜 B 水灵灵脆生生的生菜	4.1	7.6	15.0	34.8	38.5
A 优质牡蛎 B 肥得快要从壳中溢出 的富有弹性的牡蛎	6.8	10.7	23.2	2.8	31.5
A 优质戚风蛋糕 B 绵软湿润的戚风蛋糕	5.1	8.6	19.8	29.1	37.4

虽然A和B的照片完全相同，但无论是"生菜"、"牡蛎"还是"戚风蛋糕"，感觉B更有魅力的人数远远超过A。这个结果告诉我们，根据语言的不同，知觉品质也会发生变化。

想要提高知觉品质，必须重视美味的表现力。

单是听到"优质""美味"这种词语，脑海中是不会联想到具体的画面的。如果没有联想到画面的话，消费者很难心动。

"肥得快要从壳中溢出的富有弹性的牡蛎"这一生动的表达，可以让人联想到牡蛎的画面和吃它时的口感。这种栩栩如生的表达方式能让人联想到吃它时的场面，从而唤起消费者想要吃牡蛎的欲望。

尝试着用语言来表达农产品的"味道"、"外观"、"口感"和"香味"吧。通过"语言化"，"肉眼看不见的美味"可以通过口口相传的方式传达给越来越多的人。

这是出于消费者想要"听见"美味，想要"说出"美味的缘故。

"语言化"的效果存在男女差异

将美味"语言化"的效果，可能特别是以女性为目标的情况下发挥作用。

请看表3-4。

表3-4 从性别看"语言化"的效果差异

"优质生菜/水灵灵脆生生的生菜"哪个更有吸引力？

	优质生菜	偏优质生菜	很难说	偏水灵灵的生菜	水灵灵的生菜
男性	5.0	9.6	19.6	30.6	35.2
女性	3.2	5.6	10.4	39.0	41.8

"优质牡蛎/肥得快要从壳中溢出的富有弹性的牡蛎"哪个更有吸引力？

	优质牡蛎	偏优质牡蛎	很难说	偏富有弹性的牡蛎	富有弹性的牡蛎
男性	7.8	12.0	29.0	23.6	27.6
女性	5.8	9.4	17.4	32.0	35.4

"优质戚风蛋糕/绵软湿润的戚风蛋糕"哪个更有吸引力？

	优质戚风蛋糕	偏优质戚风蛋糕	很难说	偏绵软湿润的戚风蛋糕	绵软湿润的戚风蛋糕
男性	6.0	11.4	27.6	25.2	29.8
女性	4.2	5.8	12.0	33.0	45.0

来源：全国1000名消费者调查（2015年11月）

可以看出，与男性相比，女性觉得"水灵灵脆生生的生菜"、"肥得快要从壳中溢出的富有弹性的牡蛎"和"绵软湿润的戚风蛋糕"更有吸引力。

用"名词"讲话的男性、
用"形容词"讲话的女性

男女之间在食物的表达方式上也存在差异。你会在下面这句话的空格处填入什么词语呢?

雨天想吃(　　　　)。

如果你是"男性"的话,你很有可能会填入具体的"食物的名称",而如果你是"女性"的话,则很有可能会填入"(使用)形容词(的语言)"。

从实际的调查结果来看,大部分的男性都是倾向于直接在空格处填入"拉面""乌冬面""荞麦面"等"名词(食物的名字)"。

女性则有使用"热的""甜的""清爽的"等形容词进行表达的倾向。为了达成有效的"语言化",有必要考虑这样的男女差异。

④ 通过"故事"提高知觉品质

农产品如果有能引起消费者共鸣的故事,就有望获得知觉品质上的提高。用"故事",而不是用"物品"来打动买家的心。

这些农产品有着怎样的历史,是什么人,以怎样的想法,在何种地方,用怎样的方法生产的,有着怎样的辛苦……

将这样的故事尽可能简单且具有冲击力地传达给消费者。

在此，我来介绍一下通过"故事"提高知觉品质效果的实验结果。

具体来说，就是根据故事的有无来调查支付优质苹果酱的价格是否会变化。

将回答者随机分为两组，向 A 组显示商品名称和"故事"，向 B 组只显示商品名称，两组看到的照片完全相同（图 3-7）。

A组（回答者的50%）　　　　　　　B组（回答者的50%）

"优质苹果酱"　　　　　　　　　　　"优质苹果酱"

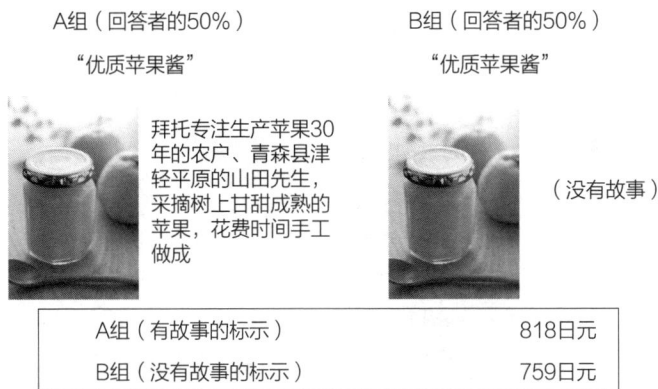

拜托专注生产苹果30年的农户、青森县津轻平原的山田先生，采摘树上甘甜成熟的苹果，花费时间手工做成

（没有故事）

| A组（有故事的标示） | 818日元 |
| B组（没有故事的标示） | 759日元 |

图 3-7　通过"故事"提高知觉品质

来源：全国 1000 名消费者调查（2014 年 8 月）

结果如何呢？

A 组（有故事）评价的苹果酱的平均价格是"818 日元"。而 B 组（没有故事）则是"759 日元"。也就是说，故事的有无，会对愿意支付的价格在统计上产生显著的差异。

⑤ "乘法运算"提高知觉品质

根据"和什么一起卖"，"知觉品质"也会发生变化。农产

品不是单独的，而是"农产品×α"这种"乘法"的构思很
重要。

在此，我介绍一下绿茶相关的实验结果。向全国1000名消
费者询问，如果在绿茶咖啡店喝"绿茶"，最多能支付多少钱。

将回答者随机分为两组，A组在绿茶的照片旁边显示"香
菇"的照片，B组在绿茶的照片旁边显示"日式小点心"的照片
（图3-8）。

A组（回答者的50%）

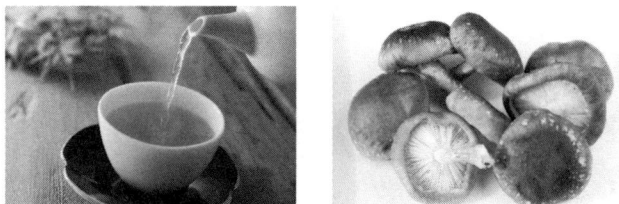

B组（回答者的50%）

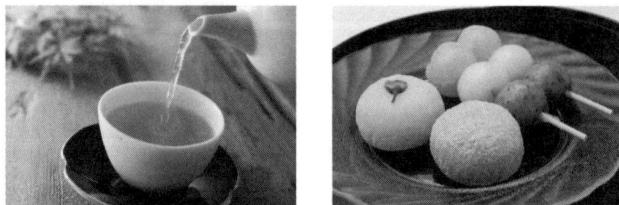

| A组（旁边有香菇） | 一杯绿茶 | 274日元 |
| B组（旁边有日式小点心） | 一杯绿茶 | 330日元 |

图3-8 通过"乘法运算"提高知觉品质

来源：岩崎邦彦《减法的勇气——让公司变强的逆袭思维》

绿茶的照片，如你所见，两组完全相同。

那么，实验结果如何呢？

在 A 组中，消费者评价的一杯绿茶的平均价格为"274 日元"。另一方面，B 组则是"330 日元"。

因为旁边有什么东西，最多愿意支付的价格就会有两成的差异。

为什么会产生这种"知觉品质"的差异呢？

A 组的"绿茶"和"香菇"组合，是把同属两样干货的"东西"联系在一起。而另一方面，B 组的绿茶和日式小点心则是把绿茶和喝绿茶的放松时间这件"事情"联系在一起。

这个实验告诉我们，要想象消费者吃东西时的场景，用"事情"连接呈现农产品，就能期待"知觉品质"的提高。

不是通过"东西"，而是要建议"事情"，唤起消费者的需求。

⑥ 通过"陈列"提高知觉品质

即使是同样的农产品，根据摆放方式的不同，知觉品质也会发生变化。

让我们来看一下实验结果。

向全国 1000 名消费者询问：对一个"番茄"，你觉得最多可以支付多少钱。

将回答者随机分为两组，向 A 组显示"低密度陈列的番茄"的照片，向 B 组显示"高密度陈列的番茄"的照片（图 3-9）。

让我们来看看结果。

在 A 组中，消费者评价的一个番茄的平均价格为"72 日

A组（回答者的50%）　　　B组（回答者的50%）

A组（低密度陈列）	一个番茄	72日元
B组（高密度陈列）	一个番茄	88日元

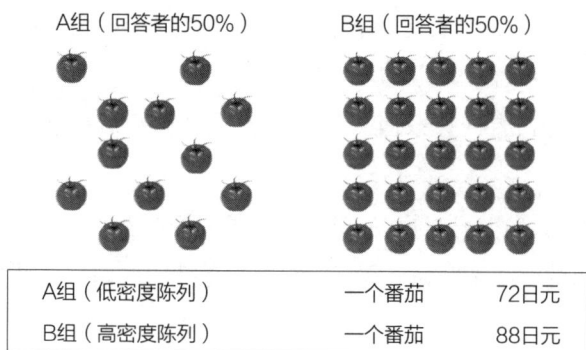

图3-9　通过"陈列"提高知觉品质

来源：全国1000名消费者调查（2016年6月）

元"。而B组则是"88日元"。同样的番茄，仅仅因陈列密度不同就产生了两成以上的差异。

如同B组看到的照片一样，把番茄高密度摆放这种方法会提高知觉品质。实验的结果向我们显示了"大量陈列"农产品的效果。比起少量分散陈列，摆满货架、大量陈列这种方法更能唤起顾客的购买欲望。

货架上商品充盈的"早上的农产品直销点"为什么销量好？相反，货架上商品减少的"下午的农产品直销点"为什么销量下降？

这其中也有陈列带来的对知觉品质的影响吧。

⑦ "价格"能提高知觉品质

"松茸为什么好吃？"

"高级葡萄酒为什么好喝？"

其中一个原因是价格昂贵。大概"价格越贵，品质越好吧"。价格是衡量品质的标准。

例如，让消费者比较一瓶 5000 日元的红酒和一瓶 5 万日元的红酒，绝大部分人回答 5 万日元的红酒更好喝。

但是，如果让他们蒙上眼睛品尝的话情况就完全变了。回答 5000 日元的红酒好喝的人一下子增多了。

价格改变味道

下面，我想介绍一项为了探寻"价格"与"知觉品质"关系而进行的实验。

我们让消费者喝了两杯绿茶，并对其味道进行评价。告诉他们其中一杯是用"100日元"的茶叶冲泡的，另一杯是用"5日元"的茶叶泡的。

实际上，这两杯绿茶是用完全相同的茶叶同时冲泡的，味道没有差别。

尽管如此，听到"100日元"的时候57.1%的人回答"好喝"，听到"5日元"的时候回答"好喝"的只有14.3%（表3-5）。

表3-5　通过"价格"提高知觉品质

显示的价格	美味	稍有些美味	一般	不怎么美味	不美味
100日元	57.1%	28.6%	10.7%	3.6%	0.0%
5日元	14.3%	35.7%	39.3%	7.1%	3.6%

这个结果意味着什么呢？

是的，这就是"价格改变了味道"。

特别是在红酒、茶等具有嗜好性的商品、保健食品等消费者的品质判断力较弱的商品、赠礼领域的商品等方面，容易出现这种倾向。

　　这么一想，"因为贵所以卖不出去""只要便宜就应该能卖出去"这样的想法就太过武断了。顾客追求的不是"便宜的价格"，而是"昂贵的价值"。

第4章

进展顺利的农家
有什么样的特征

在上一章，通过利用消费者的数据，我们探讨了如何提高消费者的知觉品质，唤起消费者的购买欲望。

在本章中，我们将利用与农民的市场营销相关的调查数据，来看看什么样的农民会有更好的业绩。

同样是在农业的世界里，既有业绩良好的生产者，也有业绩不佳的生产者。那么，农民之间业绩的差异是由于什么而产生的呢？业绩更好的农民之间的共同点又是什么呢？

如果明白业绩更好的农民所具有的共同点，应该就能找到更有效的市场营销方向。

对 469 名农民的调查

本章所使用的调查是以全国的农民为对象实施的，得到了 469 名农民的回答（调查概要请参照前文的表 2-1 中注释）。

在这次调查中，对农民进行了关于"市场营销"和"业绩"的提问，探讨了进行何种市场营销的农民才能获得更好的业绩（图 4-1）。

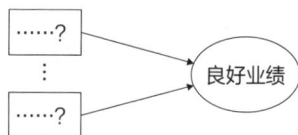

图 4-1 哪些项目才会影响农民的业绩呢

与市场营销相关的问题如下：

"设定了明确的目标顾客"

"致力于商品的加工销售（六次产业化）"

"对品质有自信"

"技术实力高"

"与消费者进行交流，倾听消费者的声音"

……

合计 39 个问题。针对各项设立了"完全一致"⑤～"完全不一致"①五个评价等级。

与业绩有关的问题有 3 个：

"现在的业绩情况"（非常好⑤~非常不好①五个等级）

"销售金额变化"（与三年前相比"增加 10% 以上"⑤~"减少 10% 以上"①五个等级）

"农业收益"（最近一次结算时有盈余⑤~亏损①五个等级）

利用这份数据，采用主成分分析的统计手法，测定了"业绩评分"（图 4-2）。

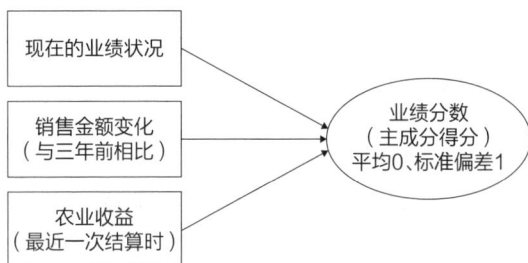

图 4-2　业绩的评定

注：主成分分析法

其中，将影响业绩的项目提取出来时采用了多重回归分析法。具体来说，就是将业绩分数作为"因变量"，将与市场营销相关的项目作为"自变量"的多重回归分析法（逐步回归法）。

所谓逐步回归法，就是从多个自变量中将具有统计学意义的变量提取到因变量（在此是业绩分数）的方法。

影响良好业绩的主要因素

那么，与市场营销相关的哪些因素会影响农民的业绩呢？
让我们一起来看一看分析结果。

如图 4-3 所示，有六个变量是影响农民业绩的主要因素。

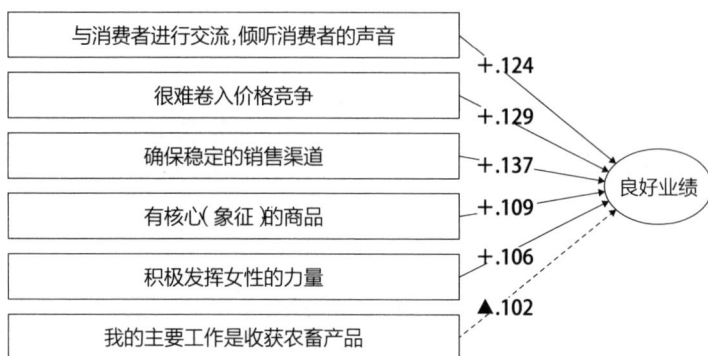

与消费者进行交流,倾听消费者的声音	+.124
很难卷入价格竞争	+.129
确保稳定的销售渠道	+.137
有核心(象征)的商品	+.109
积极发挥女性的力量	+.106
我的主要工作是收获农畜产品	▲.102

良好业绩

图 4-3　业绩良好的农民的特征

注：1. 数字是对"业绩"的影响度（标准化回归系数）

　　 2. 虚线表示负关系

来源：全国农民调查（ $n = 469$ ）（2016 年 2 月）

对业绩产生正面影响的变量有五点：

"与消费者进行交流，倾听消费者的声音"

"很难卷入价格竞争"

"确保稳定的销售渠道"

"有核心（象征）的商品"

"积极发挥女性的力量"

另一方面，对业绩有消极影响的变量是以下这点：

"我的主要工作就是收获农畜产品"。

业绩良好的农民的特征

接下来，我们将对影响农民业绩的每个项目进行具体分析。

① 与消费者进行交流，倾听消费者的声音

越是与消费者进行交流、倾听消费者声音的农民，业绩越好（图4-4）。这表明了生产者与消费者关注同一方向的"市场营销意向"的重要性。

（主成分得分）

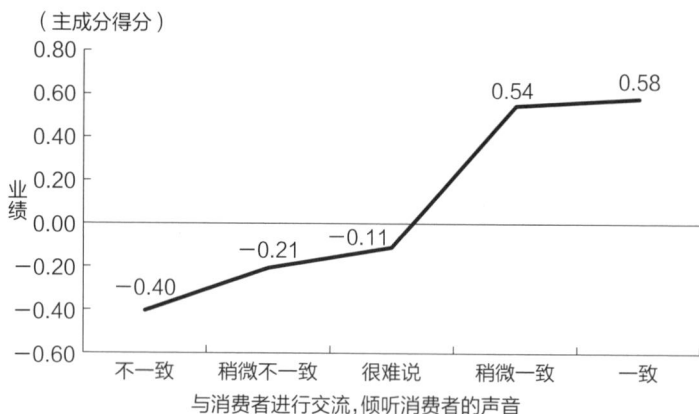

图4-4 "与消费者进行交流，倾听消费者的声音"与"业绩"的关系
注：业绩为"现在的业绩状况""销售金额变化""农业收益"这3个变量的主成分得分（平均值=0，标准偏差=1）
来源：同图4-3

具体来说，生产者与消费者交流，倾听其声音的场合多种多样。例如，直销店、美食活动、农业体验、农家餐厅、农庄咖啡厅、活用消费评论员、实施问卷调查，甚至网上交流等各种方式都可以考虑。

生产者在与消费者的交流中，应该能够切实感受到消费者的视角。从消费者的意见中，或许能够得到市场营销的启示。直接从消费者那里听到"好吃!"这句话，也能调动生产者的积极性，提高生产者的满意度。

与生产者的交流也会给消费者带来变化。

通过与生产者的交流，消费者会在脑海中深刻地烙下该生产者生产农产品的品牌形象，也能唤起消费者对该商品的购买欲望；与生产者之间的距离缩短，也会积极地进行口碑宣传。

② 很难卷入价格竞争

越是难以卷入价格竞争的农民，业绩越好（图 4-5）。事实上，很多干得好的农民都会说"我可以影响到价格的决定""可以自己决定价格"。

反过来看，业绩好的农民"凭借价格便宜以外的魅力吸引着消费者"。

那么，怎样才能不被卷入价格竞争呢？

在本次实施的调查中，我们具体询问了回答"很难卷入价格竞争"的农民。在总结代表性的意见的同时，试着归纳了一下农民自身认识的"不被卷入价格竞争的要点"。

（主成分得分）

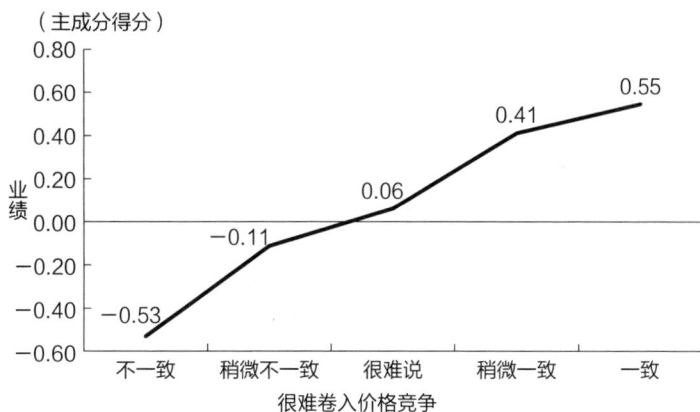

图 4-5 "很难卷入价格竞争"与"业绩"的关系

注：同图 4-4

来源：同图 4-3

【怎样才能被卷入价格竞争中呢？——农民的意见的汇总结果】

- **竞争少**

"同一地区没有销售同一产品的同行"

- **与消费者的信赖关系**

"与消费者的信赖关系很强"

- **地域性**

"在其他地区很难生产同样的东西"

- **确保直销·销路**

"销路很稳定""直接在销售所销售"

- **独特性**

"有独特的栽培技术""经营着小型农作物"

● **品质的高低**

"味道很好，所以指名购买的人很多，即便价格设定很高也可以销售"

● **品牌力**

"成功地进行了品牌化"

③ 确保稳定的销售渠道

越是确保了稳定的销售对象的农民，业绩越好（图 4-6）。据说业绩好的农民也在"出口战略"上下了功夫。

（主成分得分）

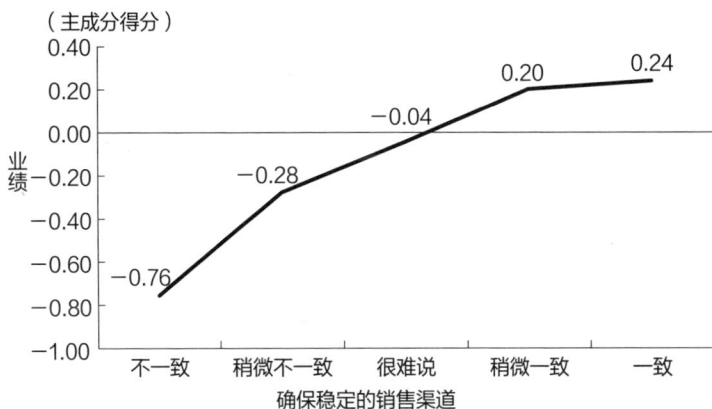

图 4-6　"确保稳定的销售渠道"与"业绩"的关系

注：同图 4-4
来源：同图 4-3

如果"不知道自己生产的农作物在哪里，怎么卖"的话，农业经营就无法顺利进行。有好业绩的农民不仅"生产"农产品，还考虑将农产品"如何送到顾客手中"。

对于农民来说，顾客不仅仅是消费者。怎样才能让农产品成为流通商品，怎样才能让餐饮店或厨师们想让它出现在菜单中，这些视角也是不可或缺的。

"业绩良好"的农民的回答是"生产流通行业想卖的东西""与流通行业的合作有效"，也有意见表示"生产和流通对策的联动是不可缺少的"。

不管怎样，不要把销售渠道交给别人，生产者自己直接或间接地参与是很重要的。

④ 有核心（象征）的商品

越是有核心商品、标志性商品的农民业绩越好（图4-7）。比起拥有很多均等的商品，生产出哪怕一个特别优秀的商品效果更好。

（主成分得分）

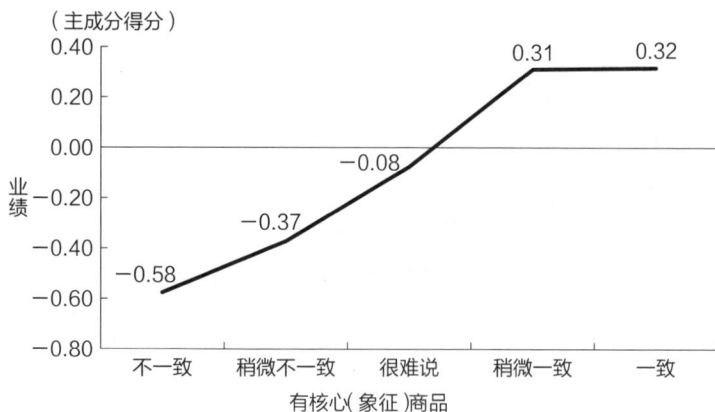

图4-7 "有核心（象征）商品"与"业绩"的关系

注：同图4-4

来源：同图4-3

如果有核心商品的话，就容易在顾客的头脑中产生印象。如果顾客的头脑中留有印象的话，就会唤起购买的欲望。

另外，如果有明显优秀的一面，其他方面也容易被认为是优秀的。有突出优点的商品，能弥补缺点，这被称作"哈罗效应"。

相反，如果是"有各种各样的商品""有很多商品"，这样的话，在消费者的头脑里就不会产生印象。如果没有什么印象，就很难被消费者选择。

你的标志性的商品是什么？在目标顾客看来，什么是你的核心产品呢？

一提起（本公司名称），便是（　　　　）。

请在这句话的空格处填入词语吧。也请顾客填一下空格吧。

如果自己和顾客都填了同样的内容，那很好。如果自己和顾客填的内容不一致，或者在回答时很费心思的话，也许就要注意了。

让我们明确"核心（象征）是什么"吧。

⑤ 积极发挥女性的力量

在农业领域，女性也起着重要的作用。业绩良好的农民中活跃着很多女性。关于这一点看一下数据就会十分清晰明了。越是能够积极发挥女性的力量的农户，业绩越好（图4-8）。

如今，我国拥有很多优质农产品。21世纪的农业不是单纯的"好与坏"的较量，而是"喜好与厌恶"的较量。不仅要诉诸

（主成分得分）

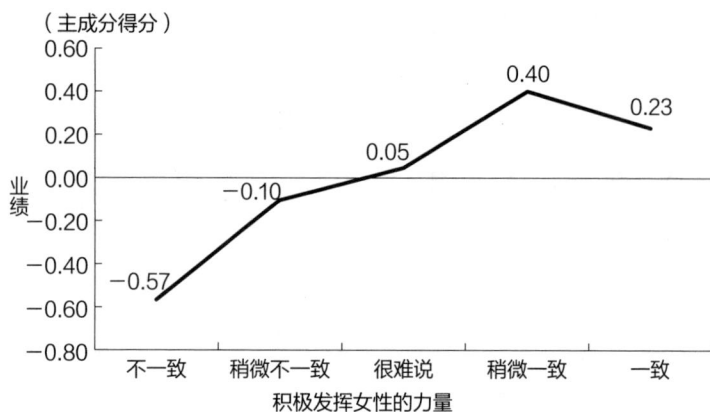

图 4-8 "积极发挥女性的力量"与"业绩"的关系

注：同图 4-4

来源：同图 4-3

顾客的"大脑"，还要有直达顾客"内心"的农产品。

希望大家仔细看一下"好"和"嫌"这两个汉字。两个字的共同点是什么？没错，无论哪一个都有一个"女"字旁。今后的农业，女性活跃的场合会越来越多的。

⑥ 不会认为"主要的工作是到收获农产品为止"

越是认为"主要的工作是到收获农产品为止"的农民，业绩越差（图 4-9）。

自己生产的农产品，在哪里，是如何被销售的？有些生产者完全不知道是谁，怎样食用着自己生产的商品，大概其中很多农民业绩都不好吧。

21 世纪的农业并不是"收获后就结束了"，而是从收获后

（主成分得分）

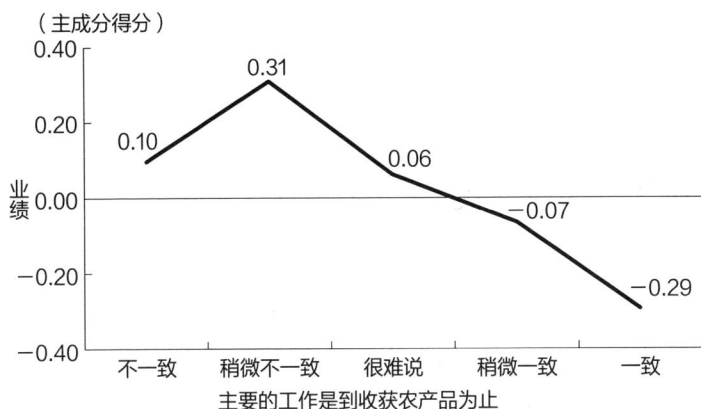

图 4-9　认为"主要的工作是到收获农产品为止"的农民业绩不好

注：同图 4-4

来源：同图 4-3

成为"另一个开始"。

农产品的价值不是产生于农场，而是产生于吃饭的地方。优秀的农民能够活用生产和市场营销战略两方面，并且将其有机地连接起来。

第 5 章

如何才能打造强悍的品牌

什么是品牌化建设

品牌被称为"市场营销中的最强武器"。最近，报纸上常常出现"为农产品树立品牌"这类标题，然而仔细阅读其内容，说的也不过是新产品的开发、推广、认证制度、名称统一、商标注册等。

如今在农业生产中也经常能够听到"品牌策略很重要""战略性地利用品牌""品牌化建设项目"这样的字眼。然而在现实中，却只有促销活动、新商品开发，或是止步于商标制作和包装设计。

"品牌"这个词很动听，而听到"品牌建设"这个词时，却只能对其意义有个朦胧的判断。

何谓品牌化

在向全国的品牌化建设项目的参与者问出这个问题时，他们往往会语塞。就算给出了答案，每个人对于品牌的理解也是千差万别。

在品牌建设中，"好像明白了"的状态是极为危险的。因为在"同床异梦"的状态下，是无法确切地进行沟通的。

要想让品牌建设取得成功，第一步就需要围绕"什么是品牌"确立一个共同的方向。

那么，什么是品牌化建设呢？这将在下文中进行探讨。

品牌超越"品质"

在这里我想提一个问题。

有两袋价格相同、品质相同的乌冬面，一袋写着"神奈川乌冬面"，另一袋写着"香川乌冬面"，你会选择哪一袋呢？（在日本，香川被称为"乌冬之乡"）再强调一遍，两袋乌冬面的价格和品质完全相同。我询问了 2000 名消费者，得到的回答见表 5-1。

表 5-1　神奈川乌冬面 vs 香川乌冬面

认为"神奈川乌冬面"更有吸引力	认为"香川乌冬面"更有吸引力
171 人	1829 人

来源：面向全国 2000 名消费者的调查（2017 年 2 月）

尽管价格和品质完全相同，但九成以上的消费者都选择了"香川乌冬面"。

"神奈川乌冬面"　　　　　　　　　　　"香川乌冬面"

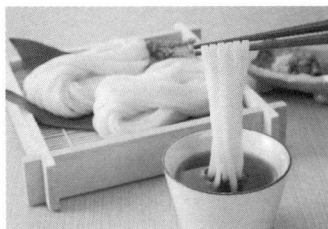 

仅仅将"神奈川"换成"香川",就能获得十倍的顾客。这就是品牌的力量。

品牌是超越了"品质"和"价格"的,即使是品质完全相同的商品,也会有被选择的和不被选择的,被选择的即是强大的品牌。

制造产品≠打造品牌

"只要做的东西好，即使什么都不说也能得到消费者的好评。"

我曾听生产者说过这样的话。当然，制作"高品质的东西"是非常重要的，不断追求能够让自己满意的农产品的态度非常重要。

如今，日本有着很多高品质的农产品，但事实上，生产者眼中的高品质却并不一定能让消费者埋单。要想产品为消费者所选择，就一定需要一样超越品质的东西。

那么，超越了品质的东西究竟是什么呢？

那就是"品牌"。

"创造品牌"超越了"创造物品"，这用图片来表示或许更加便于理解。正如图 5-1 所示，品牌就是在品质之上的"房顶"。

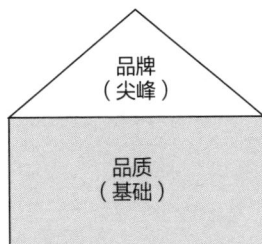

图 5-1　超越品质

品牌不能仅仅塑造表面形象

"不可仅依靠品牌来塑造表面形象，重要的是其内容。"

有人会这样说。但这个想法是错误的，因为品牌建设绝对不是"用来修饰外表的东西"。

归根结底，如果产品品质低劣，那再怎么努力也无法形成品牌。"石头"无论再怎么打磨也还是"石头"，终归无法变成"钻石"。

优良的品质是品牌建设的前提。在全国各地都有很多"钻石原石"，它们品质优异却尚未树立起品牌。这就需要将钻石原石进行打磨，使其成为闪耀的钻石。

这就是品牌建设。

评价品牌力的方法

接下来就来介绍两个方法，来分辨你的商品和产地到底是"品牌"还是单纯的"名字"。

① 商品名过后再说，先试着加上"相似性"这个词

当很多顾客以一种肯定的方式来描述"像……"时，这便是"品牌"。

接下来以地域品牌来举一个简单的例子。

"京都""北海道""埼玉""栃木"，每个地方都有其优异的地域资源，但在品牌力上却大相径庭。

"京都风""北海道风""埼玉风""栃木风"，如果将每种"风格"用语言具体表述出来又会如何呢？我询问了全国各地的部分消费者。

听到"京都风"时，大多数人会用"和风""历史""传统"来描述，而"北海道风"会与"大自然""饮食""美味"相联系。可以看出，"京都"和"北海道"已经超越了地名成为品牌。

而"埼玉风"和"栃木风"又如何呢？很多人在听到这一问题时，都说不出话来。

② 试着闭上眼睛，在头脑中浮出印象

品牌是心的联想。当闭上眼睛想起某品牌时，强大的品牌会在人的脑海中以某种影像的形式呈现出来。

试着闭上眼睛，依次在心中描绘出"京都""北海道""埼玉""栃木"的景象吧，它们分别是什么样的画面呢？

提到京都，脑海中会浮现出"寺庙"和"历史悠久的街道"，而听到"北海道"时，又会浮现出"大自然"和"壮丽的风景"。在全国的消费者当中，九成以上的回答者都表示联想到了京都和北海道的具体画面（"京都"93.1%，"北海道"91.4%）。

然而，对于"埼玉"和"栃木"，联想到了具体画面的回答者分别只有28.6%和32.5%。

请看图5-2，这幅图表示了"能在心中描绘出景象的程度"与"想去看看的程度"之间的关系，而这两者之间有着极其紧密的关联。这一结果又代表着什么呢？

那就是"如果无法产生具体联想，就不会选择"。

为什么人们会被京都吸引呢？为什么人们会想去北海道呢？是因为能在脑海中描绘出画面，因此"对了，去京都吧"这一旅行企划才能长期受到欢迎。因为脑海中有了画面，所以会想要去看看。

如果有一个旅行企划叫"对了，去北海道吧"，想必也不会让人感到奇怪。因为大多数人的脑海中都有着对于北海道的具体印象。

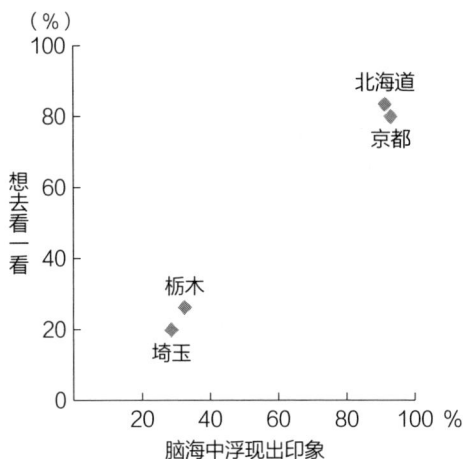

图 5-2　"能在心中描绘出景象"与"想去看看"的关系

来源：同表 5-1

那么，如果有旅行企划叫"对了，去埼玉吧"和"对了，去栃木吧"又会怎么样呢？想必很多人都会感到奇怪吧。

如果不能在脑海中描绘出具体的画面，想去看看的欲望是不会被唤起的。

"品牌"和"地名"的差别

品牌是买家脑中浮现的形象。接下来利用搜索引擎来搜索一下与地名（京都、北海道、埼玉、栃木）相关的图片吧。

在搜索结果中，靠前的图片应该与大多数消费者心中描绘出的景象相近。在检索栏中输入"京都"和"北海道"时，出现的都是"当地特有"的照片（图5-3）。即使不说地名，大多数人仅通过看照片就能辨认出是哪里，"风格"十分明确。

从以上结果也能够看出，"京都"和"北海道"已经超越了地名，可以称之为品牌。

然而，检索"埼玉"和"栃木"的图片时却没有出现照片，取而代之的却是"地图"（图5-4）。这便说明"埼玉"和"栃木"并非品牌，而是单纯的"地名"。

图片检索"京都"——出现了"京都特有的照片"

图片检索"北海道"——出现了"北海道特有的照片"

图 5-3 品牌与地名的区别（1）

来源：Yahoo！JAPAN 2017 年 4 月 13 日检索

图片检索"埼玉"——出现了"地图"

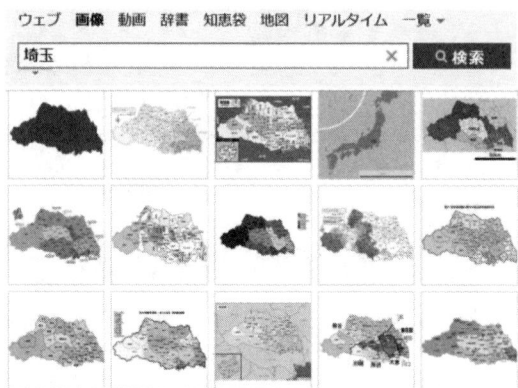

图片检索"栃木"——出现了"地图"

图5-4 品牌与地名的区别（2）

来源：Yahoo! JAPAN 2017年4月13日检索

关于品牌的误解

在产地和农业生产中，对于品牌存在着很多误解。如果对于品牌没有一个共通的认识，就无法顺利地推进品牌建设。

接下来让我们一起走出品牌认知的几大误区。

误区1　关于"知名度提高了，就成为品牌"的误解

我们常常能听到"提高知名度，打造品牌"之类的话，但"知名度=品牌"的观念是错误的。在刚才的例子中提到的"埼玉"和"栃木"是日本民众尽人皆知的，这两个地区的知名度几乎都是100%。

这个世界上有很多虽然知道名字但却不想购买的商品、不想吃的农产品、不想去的地方。然而，即使在全国范围内知名度不高，却被特定顾客人群所青睐的品牌也同样存在。

误区2　关于"品质提高了，能够塑造品牌"的误解

在各地都能经常看到这样的标语，上面写着"提高品质以打造品牌""以安全放心实现品牌化"。然而，仅依靠品质和安全放心是很难实现品牌化的。

日本有很多高品质的农产品，在如今这个时代"安全放心"已经是理所当然。在网页上搜索"安全放心"时，出现的结果超过了1亿条（图5-5）。

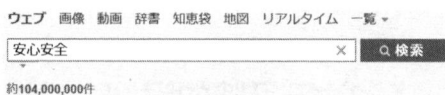

图5-5 "安全放心"的检索结果超过了一亿条

来源：Yahoo! JAPAN 2017 年 6 月 14 日检索

安全放心的品质是品牌建设的前提，也就是"根基"。如果根基倒塌了，品牌也会跟着倒塌。一旦对于安全放心的品质失去信任，失去的就将不只是品牌，而是一切。

品质低便无法形成品牌，但这并不说明只要品质高就可以形成品牌。

误区3 关于"没有广告宣传费，无法打造品牌"的误解

"中小企业和大企业不一样，我们用于广告和宣传的经费少，所以无法打造品牌。"

我从中小企业经营者的口中听过这样的话，但这是真的吗？

在昨天看过的广告中，你现在能具体回忆起的有几个呢？在现实中询问一下就会发现大多数人连一个都想不起来，即便我们每天都会通过电视等媒介接触到很多广告。

有多少人会为了看广告而去看电视呢？归根结底，我们根本不会认真看广告，所以广告很难在记忆中停留。

当然，如果反复投放广告，"知名度"或许是能得到提升的。但并不意味着投放了广告就能提升"品牌力"。

比起广告，绝大多数强大的品牌都诞生于"口碑"和"宣传"（媒体的报道）。顾客口口相传，媒体招揽顾客，品牌就诞

生于这样的机制中。

无论是口碑还是媒体报道，基本是不用花钱的。品牌的传播是可以不花广告费和宣传费就实现的。

误区 4　关于"先做个商品标志"的误解

"要想打造品牌，首先要制作 Logo。"

这种想法在品牌打造的过程中经常出现。然而，"Logo 当先"的想法是不利于品牌建设的。

制作 Logo 之前，首先需要明确品牌的"理想状态"（即品牌身份）。Logo 便是品牌身份符号化、有形化的产物。

Logo 并不是独立存在的。

Logo 与品牌身份的协调自不必说，与包装、网站、传单、海报、看板、旗帜、名片等"品牌要素"之间的和谐也是不可或缺的。

如果要打造高端形象，包括 Logo 在内的所有品牌要素都必须统一成高端形象。走高级感路线的商品包装上不可能印着可爱的 Logo，"高级感 Logo"和"可爱卡通形象"也是无法共存的。

最近，地方农产品的宣传中经常会出现卡通形象，但如果卡通形象并不符合品牌形象，选择时就需要多加注意了。

无论是苹果、路易威登还是谷歌，都没有自己的卡通形象。强有力的品牌是和谐统一的。

误区 5　关于"大量销售，提高品牌力"的误解

在地方农业生产中，有很多类似于"农产品种类丰富""商

品群多样""种类繁多""值得宣传之处有很多""有很多坚持""适合多种用途"等意在凭借数量优势为品牌增添魅力的例子。然而这大多是不会起作用的。

这是为什么呢?

这或许是因为即使消费者听到"数量众多"和"种类繁多"之类的词语,也无法在脑海中描绘出具体的形象。而如果没有印象的话,就不会去选择它。

而且,我们每天面对着处理不完的信息,对于"众多""繁多"这种强调数量的信息,消费者通常会无意识地过滤掉。

为什么"混合套装"不会出现在高品牌力的商品中呢?为什么"幕内便当①"总是无法成为受欢迎的车站便当呢?

在品牌建设中,重要的不是"加法",而是"减法"。强大的品牌总是会锁定于一点上。

---

① 简单盛有米饭和配菜的便当。

强悍的品牌中蕴含着怎样的特性

"高品质、高技术，却少有强大的品牌。"

这就是日本的农业现状。那么，该如何打造强大的品牌呢？

以下是从"消费者调查"和"经营者调查"中得出的强大品牌的六个共同点（图 5-6），想必从中一定能够找到品牌建设的方向（本章的分析结果来自岩崎 2013）。

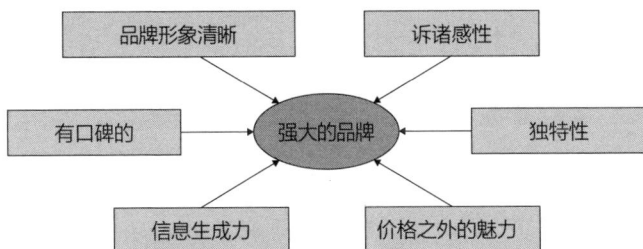

图 5-6　"强大的品牌"的六个特点

来源：岩崎邦彦《让小公司变强大的品牌建设教科书》

① 品牌形象清晰

强大品牌的共同点中最重要的一点就是"品牌形象清晰"。

当买家听到品牌名时，心中浮现出了画面，便会选择这个品牌。而如果听到品牌名却没有任何印象，就不会选择。

那么，如何才能在买家心里打造清晰的"品牌形象"呢？

这就需要卖家明确"品牌身份"（想成为什么样的品牌、品牌的理想状态），并与成员们达成一致。

"品牌身份"与"品牌形象"的关系就像原因与结果。要想塑造清晰的品牌形象，前提就是要明确品牌身份。

（卖家内心）明确的品牌身份

→

（买家内心）清晰的品牌形象

只要"品牌身份"明确，"应该做什么""不应该做什么"就自然会呈现出来，不会出现偏差。

品牌身份就像树干，如果树干强韧，即使强风来袭，树也不会弯曲。

强大的品牌是不会弯曲的，因此便需要强韧的树干。

② 诉诸感性

品牌建设是科学与艺术的融合。强大的品牌不仅诉诸顾客的"理性"（脑），还会诉诸顾客的"感性"（心）（图5-7）。

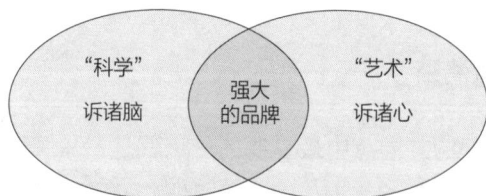

图5-7 强大的品牌诉诸买家的"脑"和"心"

为了让农产品吸引顾客，强调其健康效果和作用，诉诸顾客的理性当然是有效的，但仅仅这样还无法成为强大的品牌。

在品牌建设中，命名、包装、设计、品牌故事、陈列、服务，这些都是诉诸顾客感性的要素，都是不可或缺的。

21 世纪的农业不仅以"好坏"定胜负，更以"好恶"定胜负。一旦能抓住消费者的"心"，"好商品"就能变成"喜欢的商品"。

去制造打动人心的农产品吧。

③ 富有独特性

强大的品牌向消费者提供独特的价值。"保险""平凡""平均""普通""一般"，这些都是品牌建设中重复出现的词语。

过去的世界有太多的"险"，所以"保险"会被人们所看重。在日本还很贫穷的时候，"平凡"是一个具有魅力的词。

但现在不同了。

现在已经没有人认为"保险"和"平凡"富有魅力了。在现在这个时代，"保险＝缺陷"。名为"平凡"的杂志如今也已经停刊。要想打造强大的品牌，就需要"离开保险""离开平凡"，去做大家不做的事。

在品牌建设中，"先例主义"和"大家一起"的想法是很危险的。谁都能做的、世界上已经大量存在的东西是无法成为品牌的。谁都可以简单模仿出来的东西是不会成为品牌的。

经历了曲折后诞生的，难以轻易模仿的东西才能成为品牌。

要想成功打造品牌，就不能因为"没人做过"而不去做，而要因为"没有先例"而去挑战。

（惯有的思维）		（品牌建设的思维）
因为"没有先例"而不做	→	因为"没有先例"而去挑战
因为"大家都在做"而去做	→	因为"大家都在做"而不做
因为"很难"而不做	→	因为"很难"而去挑战

④ 通过价格以外的魅力来吸引顾客

如果不降低价格就无法吸引顾客，那就不是"品牌"，而是"商品"。强大的品牌会用"价格之外的魅力"吸引顾客。

消费者想从品牌中得到的不是"低价格"，而是"高价值"。想要打造强大的品牌，就要去思考"怎么能卖得不便宜"，而不是"怎么便宜卖"。

凭借便宜的价格是无法让顾客和品牌之间建立起联系的。被价格吸引的顾客也会因为价格而离开，只要其他的企业也卖得便宜，顾客就会去其他的地方。

不要用"低价格"，去用"高价值"来吸引顾客吧。

⑤ 具有产生信息的力量

强大的品牌是拥有信息生成力的。不是"发信力"，而是"创造力"。

具体来说，就是品牌信息容易通过报纸、电视、杂志等媒体传播。

比起自己去宣传"这个农产品很好吃"，媒体的宣传更让人信赖，也更有说服力。此外，报道和综艺节目与广告不同，基本都是免费的。

在思考怎样才能让地方媒体和报道机构想要予以报道的同时，积极向媒体提供信息，这才是有效的。

⑥ 有口碑力

强大的品牌是有"口碑力"的，这是"顾客创造顾客"的机制在发挥作用。

以下两句话，哪一句更让你心动呢：

- "这个番茄特别好吃"（朋友、熟人所说）
- "我们店里的番茄非常好吃"（从业人员所说的话）

实际询问消费者时，绝大多数回答都是被朋友和熟人的话打动（表5-2）。比起从业人员，朋友和熟人的评价取得了胜利。

表5-2　哪一条信息更让人心动

"这个番茄特别好吃"（朋友、熟人所说）	73.4%
"我们店里的番茄非常好吃"（店员所说）	26.6%

来源：面向全国1000名消费者的调查（2016年2月）

那么怎样才能促进口碑的产生呢？口碑与广告不同，并不是出钱就能做到的事。

口碑的产生＝"容易传达"×"想要传达"

促进口碑产生的第一个条件就是消费者"容易传达"。

因此，"品牌名称短小好记""特征显著便于形容""有谈论的题材"，还有社交平台上的口碑所需的"个性清晰，便于撰写文章"之类的因素都是要点。

强有力的品牌很多都名字简洁，容易发音，富有个性又便于记忆。

苹果、亚马逊、雅虎、谷歌、香奈儿、优衣库、耐克、索尼、丰田、佳能、乐天，每个名称都是四个字以内。

促进口碑产生的第二个条件是消费者对于该品牌有着"想要传达"的心情。

为此，"顾客满意度高""有独特性、个性""卖家和消费者的心理距离近"，还有社交平台上的口碑所需的"照片展示"都是要点。

人一旦感到满足，就会想与别人分享这份满足感，见到独特的事物时，也会想告诉别人。如果通过与生产者的交流而缩小了心理上的距离，那么顾客就会主动为生产者的农产品创造口碑。

第 6 章

"差异化"产生价值

"普通"的农产品无法成为品牌

"我种的卷心菜很普通,怎样才能让它成为品牌呢?"

在一次研讨会上,一名生产者这样问我。但十分可惜,如果产品真的"非常普通",是无法成为品牌的。

在大量生产、大量流通、大量消费的 20 世纪,有个性的东西是遭到排挤的,受欢迎的是"均一""划一"的"流水线产品"。如果在那个时代,"非常普通"或许是件好事。

然而,时代不同了。

消费者需求变得多样化、个性化、成熟化,在这个时代,与众不同成了价值。要想让品牌被消费者选择,就必须具有个性和独特性。

现在来看一看图 6-1。图中哪一个图形更吸引眼球呢?

图6-1 哪一个图形更吸引眼球

更多人会看向那 1 个💧，而不是 20 个●。现在的农产品市场就像这个图一样，普通的美味的东西有很多（相当于图中的●）。

如果仅仅好吃却与其他的农产品并无不同，那便会被其他的商品埋没，没有人会注意到。

人们会被有"尖角"的商品所吸引。仔细看"尖"这个字，"大"的上面是"小"。

也就是说，如果有尖角的话，即使是再小的生产者，也能够超越大规模的生产者。个性的比拼是无关规模的。

绝大多数从事农业的人和农产品都具备个性化的要素。有时生产者会认为自己的产品"非常普通"，但其实只是没有发现其"个性"所在。

去找到个性化的要素，让它渐渐发挥光彩吧。

个性化并非"特殊化"

"与东京这样的大城市不同，在地方城市即使有个性也不会有市场。"

在地方城市经常会听到这样的声音，但真的是这样吗？

个性化并不是"特殊化"，没有必要去制造与现有商品100%不同的东西。即使是在地方，也可以保证市场。

个性化 ≠ 特殊化

个性诞生于微小的差异。举例来说，请在心里想象一下丑橘（图6-2）。

图6-2 小差异也能成为大个性

凸起的部分是它的特征，而这部分却不到整体的十分之
一。然而这小小的不同中却诞生了绝对的个性。

问题：

| 如果三叶草价值 10 日元，那么四叶草的价值是多少？ |

我实际询问了全国的 1000 名消费者。

回答的平均值为 206 日元（图 6-3）。仅仅多了一片叶子，
价值却是 20 倍以上。

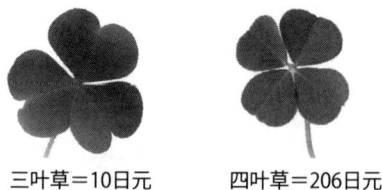

三叶草＝10日元　　　　四叶草＝206日元

图 6-3　仅仅多了一片叶子，价值大幅增加

来源：面向全国 1000 名消费者的调查（2017 年 6 月）

如果能明确地传达给消费者，即便是小小的差异也能成为
大个性。这是丑橘和四叶草教给我们的道理。

"翻版"无法成为品牌

作为市场营销的一环，很多农业相关人士都会进行"先进地区考察"，但"模仿先进地区"的这一想法无法让品牌建设顺利进行。

通过模仿先进事例是无法战胜先进事例的。为什么先进事例会成为注目的焦点呢？

那是因为先进事例通常是没有先例的。

谁都知道日本最高的山，但第二高的山却少有人知。谁都知道日本最大的湖，而第二大湖却少有人知。

"炒冷饭"是无法成就品牌的。

模仿先进事例和他人的成功案例的表面并不可行。如果要考察先进地区，就需要有以下的思维：

- 寻找隐藏于成功背景中的本质
- 寻找先进地区做不到，但自己能够做到的事
- 思考与成功事例相反的方法

就像"邻家草更绿"这句谚语一样，我们总会看见别人的成功事例，从而想去模仿别人。

然而在品牌建设中，最重要的东西就在我们自己脚下。

不要去羡慕别人家的草，让"自家的草"变得更绿吧。

危险的"横向普及"思维

"创造成功事例，再将其横向普及全国。"

在地域经济中经常能听到这样一句话，但这一思维也是与农产品的品牌建设水火不容的。

能够"横向普及"也就说明容易模仿。而如果很容易就能模仿的话，一开始就无法成为品牌。之所以能够成为品牌就是因为难以模仿。

在横向普及中，与竞争对手重复的地方越多，竞争就会越强。一旦竞争变得更激烈，最后的结果就是其中一方败下阵来。

"费工夫"

"费劲"

"麻烦"

"效率低"

"太难了"

其实这些话都是适合出现在品牌建设中的，因为"横向普及"很难。

品牌建设中重要的不是如何"横向普及"，而是如何"不被横向普及"。

如何展现个性

前文中阐述了农产品品牌建设中"个性"的重要性。那么怎样才能创造出能够传达给顾客的个性呢？

接下来就具体探讨一下个性化的方向。

① 通过"口感和味道感觉"来体现个性化

想要打造农产品的个性，最基本的就是用味觉和香味等因素来打造农产品本身的差异。与其他的农产品相比，更"甜""美味""香气迷人""口感良好"等。

不过，日本农产品的品质整体水平很高，单凭味道是很难突出明确的差异的。

要想创造出能够传达给顾客的个性，就要在口味和口感的基础上，适当结合以下几种方法。

② 通过"形状"来体现个性化

"形状"等视觉特质易于传达给消费者，也便于记忆。比如，之前丑橘的例子中就是将"凸起"这一外表上的缺点转换成了个性，因此在品牌建设上取得了成功。

③ 通过"尺寸"来体现个性化

如今，消费者的需求更加个性化，过去因大小不符合规格而无法流通于市场的商品，到了今天却可能作为个性商品而受到消费者青睐。如今或许是一个"不符合规格 = 个性"的时代。

例如，大小未达到标准的小白菜等于"迷你小白菜"，因为小所以不用切就能作为拉面的配菜，而大受欢迎。不符合规格的"小香蕉"也很适合作为孩子的零食。

规定大小的芦笋和蘑菇一般不会成为料理的主角，但不符合规格的"特粗芦笋"却往往因为其惊人的大小而成为料理的主角。

即使是大小不一的马铃薯，也可以通过只将小马铃薯挑出来，将其品牌化为"一口马铃薯"。

④ 通过"颜色"来体现个性化

颜色的不同在买家的眼中是显而易见的，因此也是个性化的一大武器。在第 3 章中，也探讨过颜色给消费者的知觉品质带来的影响。

例如，白色的草莓、白色的玉米、白色的茄子、红心萝卜、巧克力色的高糖番茄、橙色果肉的哈密瓜、橙色蛋黄的鸡蛋、卖点是瘦肉的熊本和牛、黑色的米酒、深绿色的抹茶冰激凌等，每一个都作为极富个性的商品得到了消费者的支持。

⑤ 通过"包装"来体现个性化

即使不能通过农产品本身制造出明显差异，也能通过包装来展现其个性。

我在静冈县立大学"茶学入门"的课上问学生："什么时候会想买'茶叶'呢？"，得到的回答大多是：

"包装可爱的话我就会想拿起来看看。我喜欢装在可爱瓶子里的商品。"

"如果包装设计很好看我会想购买。"

"包装简陋的茶我不会想喝。如果包装很时尚、看起来很高级的话我可能会想购买。"

生产者往往会关注农产品本身，但包装也同样是商品的一部分，是传达个性的重要媒介。

⑥ 通过"生产方法和培育方法"来体现个性化

生产方式和培育方式也是体现个性化的有效手段。有机栽培、无农药栽培，还有在雪下过冬的"雪下胡萝卜"、在仓库中存放让其产生独特甜味的"红薯"、放入茶叶罐中保管的"熟成茶"、因人工收获而表皮平滑的"马铃薯"，这些商品都是通过独特的生产方式发挥出了个性与魅力。

⑦ 通过"肥料和饲料"来体现个性化

利用肥料和饲料也能创造出有个性的商品,西班牙的伊比利亚黑毛猪就是有名的例子。"吃橡子长大的猪"这一宣传语也是其品牌化的关键。

将"地方特产"作为饲料和肥料,以此赢得消费者支持的品牌遍布全国。将地域性作为武器更容易赢得消费者的共鸣,也让其他地区的生产者难以模仿。

例如,以特产橄榄为饲料养殖的"橄榄鲕鱼"(香川县)、用地方的绿茶饲养的"TEA 猪"(静冈县)、以滨名湖的鳗鱼残渣作为肥料种植的红薯"鳗鱼薯"(静冈县)、在饲料中混入红酒残渣喂养出的"红酒牛肉"(山梨县),这些都是有个性的品牌。

⑧ 通过"品质基准"来体现个性化

农产品与工业制品不同,品质容易参差不齐。但可以根据自己设置的"品质标准"创造出与其他商品的差异,获得顾客对品牌的信赖。

例如,"AMELA 番茄""安纳芋红薯""丑橘"都为了保证品质设置了严格的糖度标准,只有达到了标准的商品才能以这些名字自称。

⑨ 通过"生产场所"来体现个性化

"生产场地"也是一样个性化的武器。比如，产自京都的传统蔬菜叫作"京野菜"，在土壤盐分浓度高的圩田中栽培的"潮番茄"就是因为与土地的联系而改变了价值，形成了强大的个性。如果能够围绕着地域性实现个性化，那么其他的地区也是无法模仿的。

⑩ 通过"错开"来体现个性化

当季的农产品因为有很多竞争对手，产量也大，因此单价也容易下降。如果能够将收获季节错开，就可以提高个性和收益。

例如，夏季市场上很少会出现草莓，所以夏季草莓的价格会比产量高的冬季高出一倍多。

笔者所在的静冈也有着靠"错开"而成功的例子。静冈的洋葱全年市场份额不及北海道，但冬季的市场份额却是第一，被人们以高价购买。三岛马铃薯仅仅在7月出售，却在全国的蔬菜市场上以日本最高的价格被购买。

⑪ 通过"故事"来体现个性化

即使味道、外形、生产方式不同，只要有独特的"故事"，就可以打造个性。故事可以是生产者自己的，也可以是与农产品的生产相关的，或是与产地相关的，这些都是农产品的故事。

正如第 3 章中所说，能够引起消费者共鸣的故事一定拥有提高农产品"知觉品质"的力量。

⑫ 通过"使用场景"来体现个性化

即使商品自身不存在差异，也可以通过提出新颖的"使用场景"来打造个性。

例如，不将"花椒"用于鳗鱼，而是"甜品的材料""比萨馅儿料"，这就创造出了新的需求。还有不将"魔芋"用于寿喜烧，而是作为意大利面的替代品，这样的事例也创造出了新的需求。

此外，还有企业将通常用于制作高汤的"柴鱼片"打造成"点心"，将"高糖度番茄"和细葱作为手握寿司的材料，创造出新的需求。

在现存的条条框框之内构想的话，个性化也是有界限的。突破条条框框，主动创造新颖的使用场景并推荐给消费者吧。

⑬ 通过"用途的限定"来体现个性化

限定"用途"也可以打造商品的个性。"用于鸡蛋拌饭的酱油""大阪烧用酱料"等商品就是典型的实例。

用途广泛的新鲜奶酪在冠上"面包专用"的名称后销量上升，以万能为卖点的油在冠名"天妇罗专用"后也实现了销量的上涨。通过"缩小用途范围"实现了销量上升的商品有很多。

很多生产者都认为用途越广销量就会越高，但或许恰恰相反。

"用途广泛""万能"并不能让买家联想到画面。而无法联想到画面的话，买家就不会去选择。通过缩小用途范围可以让使用场景更加明确，进而唤醒顾客的购买欲。

⑭ 通过"销售场所"来体现个性化

通过改变贩卖场所也能够体现个性化。例如，在花店里贩卖以香味为卖点的"绿茶"，在杂货店、家具店里贩卖包装精致的"鲭鱼罐头"，通过与以往不同的贩卖场景来展示商品的个性。

⑮ 通过"逆操作"来体现个性化

与其他人朝着同一方向前进是很难展现个性的。要想创造出强大的个性，"逆操作"或许会有效，也就是"颠覆业界常识""颠覆消费者所抱有的印象"的思维。

接下来介绍几个逆向投资的具体形式。

例如，"以洋入和，以和入洋"的逆操作形式。说到西式点心会联想到红茶、咖啡，那么"搭配蛋糕的绿茶"就是反其道而行。而说到日式点心会想到绿茶，那么"搭配日式点心的红茶""和风红茶"就会颠覆人们的印象。

"适合西餐的大米""和风酸黄瓜""西式腌菜""和风燕麦"

也是富有个性的例子。

也有因"味道的逆向投资"而受到消费者欢迎的个性化商品。通常来说辣油都是辣的，但却出现了"不辣的辣油"。很多水果以糖度高为卖点，这时却出现了清爽微甜的"低糖香蕉"。

"熊本和牛"与霜降牛肉背道而驰，凭借瘦肉的美味和健康赢得了人气。"硬薯片""不黏的纳豆"也是在口感上反其道而行之。

同样还有"温度的逆向投资"。绿茶的话就有"冷泡茶专用茶叶"，还有与热的烤红薯和鲷鱼烧背道而驰的"冰冻烤红薯""冰冻鲷鱼烧""烤红薯冰激凌"。

与"新鲜"背道而驰的"熟成"也十分常见。熟成肉、熟成茶、熟成鱼、熟成面等商品都受到消费者的欢迎。

试着转变视角，或许个性化的市场就在身后。

错误的差异化的打开方式

前文中阐述了个性化的方向，但并不是只要展现了"差异"就万事大吉。有"好的差异"，同样也有"坏的差异"。

在本章的最后，来说一说"展现差异的错误方式"。

① "用'一把尺'就可以测量"的差异

最好避免在"一把尺"就能评估的领域中展现差异，因为胜负会显而易见。在这一领域中，胜者只有少数，大多数都败下阵来。

典型的"一把尺"就是"价格"和"量"。

"价格竞争"和"量的竞争"容易演变成消耗战，迟早会达到极限。在这样的领域中，小生产者是无法战胜大规模生产者的。

然而，在"多把尺"的领域中并不存在单纯的胜负，所以可以实现共存，小规模也不会成为缺点。

例如，"味道"和"设计"不是"一把尺"就能衡量的。在这样的领域中，企业发挥自己的个性就不是竞争，而是共生。

21 世纪不是"竞争市场"的时代，而是"共生市场"的时代。不要思考"如何竞争"，而要去思考"如何共生"。

② "消费者注意不到"的差异

如果只站在生产者的角度，就可能会将消费者注意不到的味道或功能上的差异作为卖点。

即使味道和功能更加优异，如果买家无法识别的话就没有意义。无法传达给消费者的差异不能称为个性。

③ "对消费者来说没有价值"的差异

在现代农产品市场中，如果没有独特性，就只能被共他农产品"埋没"。

强大的品牌通常是兼具"独特性"和"价值性"的商品（图6-4）。

		独特性	
		有	无
价值性	有	品牌	埋没
	无	独善	无用

图6-4 独特性×价值性

要想吸引顾客，就不仅要强调差异，还要将"这个差异对你来说具有怎样的价值"也同样传达出来。

第 7 章

如何做，第六次产业化才能成功

对市场抱有疑问的第六次产业化

农业是一个"创造性的产业"，不仅在生产上，在开发、加工、流通、贩卖上都可以下功夫。它是依靠创意的"脑业"，也是以智慧和技术为基础的"能业"。

近年来，通过农产品的生产（第一产业）×加工（第二产业）×流通贩卖（第三产业）所计算得出的"第六次产业化"正在全国范围开展。

由农民所主导的第六次产业化中，有的人亲自参与第二、第三产业，也有人通过与第二产业者、第三产业者的合作开发新商品和新服务。

> 第六次产业化＝第一产业×第二产业×第三产业

第六次产业化给农业从事者带来的好处是非常多样的，接下来就具体看一看。

通过在加工之前的阶段下功夫，可以提高商品的附加价值，提高收益。这样一来，也可以将味道好但形状不一的商品有效利用起来。

灵活运用加工产品也可以提高农产品的品牌力。例如，比起草莓本身，草莓甜品更容易个性化；比起鸡蛋本身，以鸡蛋为原料制成的"亲子盖饭""布丁"也更加具有话题性，也更容易形成口碑。

此外，如果亲自参与贩卖，还可以掌握价格决定权。如果生产者关心市场，也有助于形成消费者意识。通过亲自参与贩卖，可以强化生产者与消费者之间的联系。

然而，现实中的第六次产业化很多都在市场方面出现问题。很多商品即使被制造出来了，销售额也难以提高，只能逐渐从市场中消失。

全国有很多使用农产品的商品，如果酱、果汁、红酒、咖喱等，它们都非常相似，在市场上比比皆是。它们之中的很多即使在地方卖得不错，也无法成为强大的品牌。即使在发售时吸引了人们前来购买，后来也大多走上了下坡路。

那么第六次产业化如何才能成功呢?

本章将通过以农业从事者为对象的调查数据，来探讨让第六次产业化获得成功的要点。

关于第六次产业化的误解

在农业领域的人们对于第六次产业化或多或少都抱有一些误解。要想让第六次产业化获得成功，首先就需要消除这些误解。

① "为了灵活使用超规格产品而进行第六次产业化"的误解

如果认为"第六次产业化的目的是将规格外产品利用起来"，那就明显误会了第六次产业化的目的。"把解决规格外产品放在首位"的想法是不利的。

当然，从结果上来说规格外产品是可以得到利用的，但这仅仅是其"结果"，而非"目的"。

如果是为了解决规格外产品，那这样的第六次产业化就是"极端的生产者视角"。规格外产品的利用是无法成为顾客"想要购买的理由"的。第 2 章中也有所提及，以农产品为前提的"生产者视角"是不利于市场营销的。

② "第六次产业化就是开发新商品"的误解

"开发新商品，促进山区的发展"

"通过新商品开发来强化地方品牌"

"以地方特产为原料开发商品"

127

在全国范围开展的第六次产业化项目中，有很多此类将"新商品开发"作为主题的事例。在农业生产中也有很多人认为六次产业化即"商品开发"。

然而，"第六次产业化＝新商品开发"这个想法或许是个误解。

前文中也多次提到，消费者追求的并不是"吃的东西"，而是"吃这件事"。第六次产业化的本质并非单一的商品开发，而是创造价值。

重要的不是开发了多少商品，而是创造了多少价值，商品有没有吸引新的顾客，买了一次的客人会不会成为"回头客"。

"现有的商品卖不出去，做新商品吧"

"开发新商品提高销售额吧"

"回过神来发现光顾着增加商品了"

就像这样，第六次产业化中有很多现有商品卖不出去就不断打造新商品的例子。这是新商品开发的连锁反应。

然而，越是制造新商品，现有商品的个性就越模糊，能投入到一样商品中的经营资源也会减少。

旧商品卖不出去就简单地去开发新商品是一个危险的想法。卖不出去并不一定是因为"商品不好"，也可能是因为商品的"魅力没有传达给顾客"。

要想成功实现第六次产业化，就要去找到现存商品的优点，去打磨它。在给商品"做加法"之前，先去思考如何提高现有商品的价值吧。

③ "开始参与'加工食品业'"的误解

"百里挑一"是食品行业中的常用词，也就是说即使开发出一百种新商品，能卖得好的也就只有其中的一样。

即使一家加工食品企业是食品开发专家中的专家，成功开发新商品的概率也是很低的。

农业从业者并非商品开发的专家，要想与加工食品的企业在同一平台上开发商品，想必是很难成功的。

应该怎么做呢？

那就是不进入加工食品业，去做一般的食品加工企业做不到的东西，以只有农家能制造出的商品去竞争。

什么商品是只有农家做得到，加工食品企业做不到的呢？

例如，只有草莓农家能制作的"整颗草莓刨冰"、只有茶农能制作的"世界最浓的抹茶冰激凌"。如果要制作调味料的话，就用加入了丰富素材的"只有农家能做的调料"来一决胜负。

在农业从业者的商品开发中，需要采用与加工食品从业者不同的手段。

第六次产业化成功的主要原因

有的农业从业者能在第六次产业化中取得成功，而有的却会失败。

那么，在第六次产业化中取得成功的农业从业者具有怎样的特征呢？接下来就通过对第六次产业化的农业从业者的调查数据来进行分析。

调查的顺序如下。

首先，提出与农产品加工品（六次化商品）相关的 25 个问题。

"与竞争商品相比差异明确"

"对品质抱有自信"

"明确设定目标顾客

"销售渠道有保证"

"重视设计"

......

每个问题都以"非常符合（5）"～"不符合（1）"的五个等级来衡量。

其次向农业从业者询问有关第六次产业化成果的问题。

具体有"农产品加工产品的成果"〔成功（5）～失败（1）

的五个等级〕和"农产品加工品的销售额"〔畅销（5）~低迷
（1）的五个等级〕这两个问题。

再通过主成分分析将这两个变量汇成一个统计学的标准分
数，即"六次化的成功指标"。

分析结果如图7-1所示。

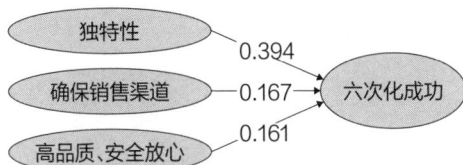

图7-1 第六次产业化的成功三要素

注："独特性""确保销售渠道""高品质、安全放心"是因子分析中提取出
的因子。分析为逐步回归分析法。数字为标准回归系数，表示对于"六次化
成功"的影响程度

来源：全国农业者调查（参照表2-1）的回答者中实施了第六次产业化的农
业从事者（$n=124$）

提取出的三个因子在不同程度上对第六次产业化的成功与
否造成了影响。

对成功影响最大的因子是"独特性"，其次是"确保销售渠
道"，最后是"高品质、安全放心"。

第六次产业化的成功三要素

根据这个分析得出了可以实现第六次产业化成功的三个要素，接下来就进行具体的说明。

① "独特性"

从这次的分析结果中可以看出，实现第六次产业化成功的最大要素就是"独特性"。这个因子具体由以下几个项目构成：

"与竞争商品比较起来有明确差异"

"商品有独特性"

"商品富有个性"

要想取得第六次产业化的成功，就必须打造出能传达给消费者的"明确特征"。"六次化"也就是"独特化"。

与品牌建设相同，在第六次产业化中，"普通""保险""平均"也都是反复出现的词。"与众不同"才是价值。简单模仿他人的成功事例是无法在第六次产业化中取得成功的。

② "确保销售渠道"

在第六次产业化中取得成功的第二大要素就是"确保销售

渠道"。这个因子具体由以下几个项目构成。

"销售渠道得到保证"

"有稳定的销售对象"

"设定了明确的目标顾客"

在第六次产业化中，经常有只致力于"商品开发"，而对于"在哪里卖，怎么卖"的问题却丝毫不加思考的现象，也就是"做出了商品但没有地方卖"的状况。

第六次产业化并不是只要产品制造出来就完成了，重要的是保证随后的流通渠道。

独特性×渠道保证＝畅销

现在就来确认一下"独特性"（成功要素1）和"确保销售渠道"（成功要素2）的重要性。

图7-2是以"独特性"的有无和"确保销售渠道"的有无划分的畅销企业的比例。

有独特性的同时销售渠道得到保证的商品，六成以上都是"畅销"。

然而，缺乏独特性，销售渠道也没有得到保证的商品中"畅销"的仅有一成左右。这两个条件的重要程度显而易见。

③ "高品质、安全放心"

在第六次产业化中取得成功的第三要素是"高品质、安全

		独特性	
		有	无
销售渠道	有	畅销 62.5%	畅销 32.1%
	无	畅销 42.3%	畅销 13.3%

图 7-2 "独特性""确保销售渠道"的有无与业绩的关系

注：此处的畅销为对于六次化商品做出"畅销""较为畅销"回答的企业
（全国农业者调查 2016 年 2 月）。数字为各区域畅销企业的比例。独特性的
有无是将"独特性"的因子分数分为 0 以上和 0 以下两部分。销售渠道是将
"确保销售渠道"的因子分数分为 0 以上和 0 以下两部分

放心"。这一因子具体由以下几个项目构成：

"商品味道好"

"对品质抱有自信"

"商品安全放心"

味道、品质和安全放心这几个要素是第六次产业化的"根
基"。即使让客人吃了一次，一旦味道不好客人就不会买第二
次。安全放心也是第六次产业化的前提条件。

图 7-3 展示的是第六次产业
化的成功要素。从图中可以看
出，以"高品质、安全放心"为
基础，发挥独特性，确保销售渠
道是第六次产业化取得成功不可
或缺的条件。

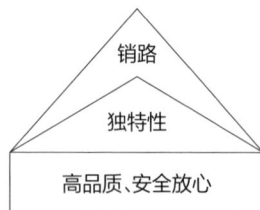

图 7-3 第六次产业化的成功要因

如何才能生产出能够持续销售的商品

在第六次产业化中，即使刚发售时因为话题和新鲜感而畅销，但如果之后变得不好卖了的话就毫无意义。

打造出不仅仅是"现在"，而是"明年""后年""今后一直"都能让顾客购买的商品才是第六次产业化的要点。

特别是如今人口和消费支出难以继续上涨，在商品开发中如何吸引回头客就显得尤为重要。比起打造"热门商品"，打造"长期畅销商品"更加困难。比起让顾客购买一次商品，让顾客一直购买更加困难。

那么如何才能创造出让客人不断购买的商品呢？

现在问一个问题，你会在如下空栏中填进什么商品？

说到长期畅销商品，首先想到的是（　　　）。

我让全国的 1000 名消费者自由填入商品名称，结果见表 7-1。

表 7-1　长期畅销商品

顺序	关键词	出现频率
1	百奇	65
2	小鸡拉面	58
3	杯面	46

来源：面向全国 1000 名消费者的调查（2016 年 2 月）

前三位分别是"百奇"、"小鸡拉面"和"杯面"。

它们发售的时间分别是 1966 年、1958 年和 1971 年，是名副其实的长期畅销产品。

那么这些商品为什么能够长盛不衰呢？接下来就探讨一下打造长期畅销商品的要点。

生产畅销产品的关键点

① 是不是过于好吃了？！

我让全国的消费者对"百奇"、"小鸡拉面"和"杯面"的味道做了评价，结果见表7-2。

表7-2　长期畅销商品有多好吃

	一点也不好吃	不好吃	不太好吃	一般	还不错	好吃	非常好吃
百奇	1.0	2.2	4.2	21.2	32.1	28.2	11.1
小鸡拉面	5.4	5.7	13.7	24.6	26.4	17.7	6.5
杯面	3.1	3.2	9.8	19.4	28.9	26.0	9.6

来源：同表7-1

对于每个商品，回答"还不错"的人都是最多的，回答"非常好吃"的人都只占约一成。

无论是百奇、小鸡拉面还是杯面，离非常好吃都只差了一步，所以才会想再吃一次。

相反，"至上美味"是难以长期畅销的，"至上"容易让人厌倦。

对于消费者来说，"至上"只要偶尔就足够了。确实，"至上百奇""至上小鸡拉面""至上杯面"听起来也有些说不上来的奇怪。

无论是百奇、小鸡拉面还是杯面都不是因为非常美味才长期畅销的，而是因为它们是创造了新的商品种类的"革新商品"。它们创造了独特的价值并不断进化。

它们在所属的商品种类中都是第一名，只要听到品牌名称，商品的样子就会浮现在眼前，同时打动人心。

长期畅销的商品就是受人喜爱的商品，不是"最高品质"，而是"最好品质"。

② "不变的东西"与"变的东西"的均衡

长期畅销商品都在"不变"与"变化"之间取得了平衡。

如果没有"不变的东西"，就无法吸引消费者，而如果没有"变化的东西"，消费者又会感到厌倦。

拿电视上的长寿节目来举例或许会更容易理解。当向消费者询问"说到长寿节目，你会想起哪一个"时，"彻子的房间"以绝对优势占据了第一位（见表7-3）。

表7-3 说到长寿节目会想起哪一个

顺序	关键词	出现频率
1	彻子的房间	290
2	笑点	123
3	海螺小姐	92

来源：同表7-1

黑柳彻子作为"标志=不变的人"吸引着观众，而每次的"嘉宾=变化的人"让观众不会厌倦。所以这个节目才会长寿。

"百奇"以巧克力味为基本款，在此基础上推出椰子味、苹果味等限量商品，让顾客不会感到厌倦。

如果有一样基本款商品，即使吃了新的商品也会回头去购买基本款。"杯面"和"小鸡拉面"也是在"不变的东西"（基本款商品）和"变化的东西"之间取得了平衡。

长期畅销的冰激凌"嘎哩嘎哩君"也是一样，全年贩卖的就只有"苏打味"，而为了让顾客不厌倦基本款的味道，每年又会推出 20 种新口味。

③ 不要变成"近视眼"

在市场营销中，"近视眼"是大忌。因为当前卖得好而大量生产、增加销售渠道是非常危险的。即使一时卖得好，顾客厌倦的可能性也很高，大量生产也会让客人失去兴趣。

急剧上升也容易迎来急剧下降（图 7-4）。热潮是难以维持的，也正是因为不会长期持续才叫热潮。

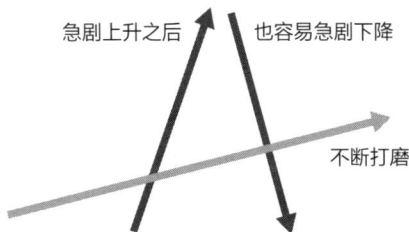

急剧上升之后　　也容易急剧下降

不断打磨

图 7-4　热潮难以持续

一旦掀起了"热潮"，首先不要窃喜，而应该去小心注意。

很多长期受到人们欢迎的强大品牌都会故意减少供给。特别是食品行业，吃得多了消费者就会感到厌倦。所以要想长期畅销，重要的不在于增加数量，而在于不断打磨。

第 8 章

传递农业的体验价值

在"事"中定位农产品的位置

经济越成熟，人们便越愿意从"无形之事"而非"有形之物"中发现价值。

随着信息技术不断向前发展，真实的、模拟的"体验"价值反倒会因此提高。

譬如放眼音乐界，CD 等音像制品的生产量持续下滑，演唱会门票的销售额却不减反增。

正如图 8-1 所示，在音乐界，"无形之事"已经逆转了"有形之物"占据的主导局面。消费者对音乐的追求已经不再仅仅

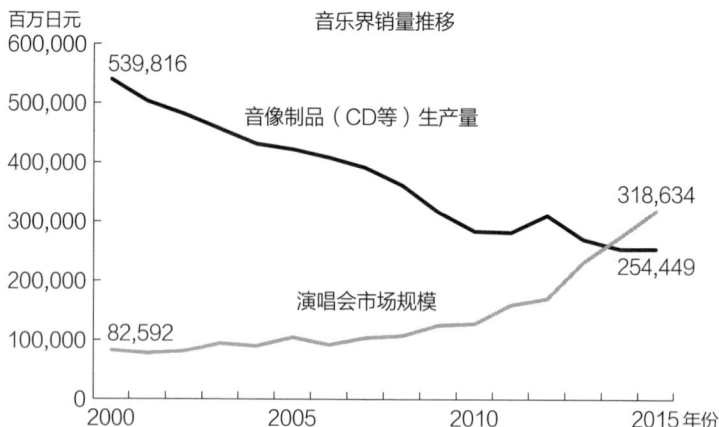

图 8-1　由"有形之物"向"无形之事"转变（以音乐界为例）

来源：根据日本唱片协会、日本音乐会和演唱会发起协会提供的资料制作

停留在"听"的层面，而是更加注重调动五感的音乐"体验"。

农业中同样有着这种倾向。

消费者不再只单纯关注农产品的"食用"价值，与农业相关的"体验"价值也越发为人重视。

乡村旅游、农场参观、果蔬采摘体验、与生产者交流、农庄租赁、农家餐厅、农庄咖啡厅等活动发展迅速，"体验价值"的重要性越发凸显。

这样想来，如果仍将农业限定在"第一产业"的框架下，或许已经有些跟不上时代的步伐了。

当然，作为第一产业，享受自然的恩惠，生产农产品自然十分重要。不过在当今时代，仅仅依靠生产活动的农业难以得到发展成长，这也是毋庸置疑的。

21 世纪的农业，需要摆脱"产品制造至上"主义，将"农产品"置于"无形之事"中做出定位。

图 8-2 "农产品"在"无形之事"中的定位（无形之事、农产品）

1 次体验胜于 100 次广告

在原产地品尝到的农产品总是别有一番风味。除了农产品自身的美味之外，"在这么好的土地上种植的作物，应该很好吃""刚采摘的新鲜作物，应该很美味"的心理也起到了一定影响。在社会心理学中，这样的心理机制被称为"晕轮效应""临场效应"。

在农作物生产现场亲身获得的信息，与经由媒体获得的视听信息有着天壤之别。无论在广告上投入多少经费，抑或在消费场所举办多少次活动，恐怕都无法给人以亲身在产地体验中获得的感受。

全国的消费场所、全国的作物产地都在举办试吃活动，然而，在消费场所进行的促销宣传，反倒很容易埋没在各处原产地的促销竞争中。

由消费场所举办的免费试吃活动，在一定程度上还是能够聚集一些人群的，这一点毋庸置疑，很多参加者可能也会对产品给出"好吃"的评价。在免费试吃面前有人即使并不觉得美味，也会脱口而出"好吃"二字，而且还会产生"不如买一个当作伴手礼好了"的心理。

对于在免费试吃会上得到的"好吃"的评价，大抵可以理解为消费者对免费品尝表示的感谢，这类评价大多只能停留在当时的场合中，很难将消费者培养成回头客。

　　因此，我们应当把关注的重点放在给予"好吃"评价的消费者今后是否有继续食用这一产品的意愿，是否有机会培养为回头客上。

与其到消费场所，不如让顾客到产地来

比起在消费场所举办促销活动，倒不如让消费者走进产地，邂逅当地的美味农产品，这样反而更有成效。

举个例子，在消费地——东京的试饮活动上喝到的静冈茶，与在产地——静冈茶园里喝到的茶给人带来的感受是截然不同的。在产地收获的体验，会同美味和风景一起深深印刻在心里。

在产地体验到的美味，下次再看到或是听到品牌的名称时，脑海里便会不由得浮现当时美味与感动的记忆，当地的美景也会像现实般浮现在眼前。

大脑里有了美味的印象，购买意愿也会随之被勾起。

在产地同生产者近距离交流，有助于拉近买卖双方的心理距离，建立消费者与品牌之间的情感连接，消费者也能够通过体验来认识和了解品牌。

图8-3展示的是消费者参观完茶园后出现的变化。从这个数据结果中可以看出，亲身参与的体验能够带来各种各样的效果。

效果具体如下：

依恋程度提升效果：参与体验后，对农产品的依恋程度有所上升。

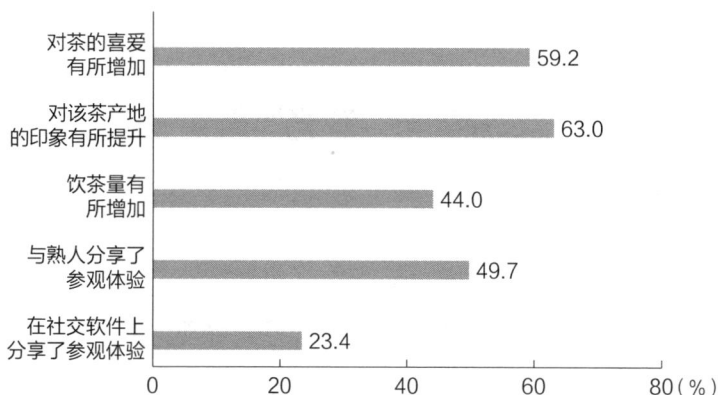

图 8-3 参观茶园后出现的变化

注：图中数据为选择"的确有该想法""有些想法"的数据总和

来源：有茶园参观经历的消费者（$n=316$）（岩崎研究所调查，2015 年 11 月）

品牌印象提升效果：参与体验后，对农产品及其产地的印象有所提升。

需求促进效果：参与体验后，对农产品的需求有所提升。

口头宣传促进效果：参与体验，有助于促进农产品及其产地在消费者之间的口头宣传力度。

让"农业"与"观光"做乘法吧

农业与旅游业十分相配，现代农业不仅需要考虑"销售当地农产品"，更需要考虑"推广农产品的原产地"。

贩卖区域农产品→推广农产品所在区域

邂逅当地的特色美味，不仅有助于提升当地农产品的口碑，还有助于提高游客对该地区的满意程度。

单纯游览名胜古迹，去过一次后游客就会觉得已经去过了，没必要再去第二次，很难培养回头客。

另一方面，如果在农作物产地进行观光旅游，消费者就很容易产生"还想再吃一次那天品尝到的美味，还想再见一次那位生产者，还想再呼吸到那里的新鲜空气，还想再次得到大自然的治愈"等想法，因此有很大可能成为回头客。

想要提升农产品的品牌口碑，最有效的方法就是让顾客直接来到产地，在当地品尝到美味的农产品。对于农业生产者而言，与当地酒店、旅馆、旅行社等旅游业工作者的协作也会更加高效。

农场并不是单纯生产农产品的场所，其本身就是一个交流媒介，是农业生产者向消费者传达农产品内涵的场所。

从现在开始，让我们来积极思考如何充分强化"农业"与"旅游业"之间的乘法效果吧。

能够被吸引到农村观光的人们具有何种特征

上文虽然提到农业与旅游业相得益彰，但在消费者中，既有"对乡村旅游感兴趣的人"，也有"对城市旅游感兴趣的人"。

见表8-1，约三成的受访者认为乡村旅游比城市旅游更具吸引力。由此可见，乡村旅游确实存在一定的需求。作为产地，与其下大功夫吸引"对城市旅游感兴趣的人"，倒不如着眼于"对乡村旅游感兴趣的人"。

表8-1 城市旅游和乡村旅游哪一种更吸引你

	平成二十四年（2012）	平成二十五年（2013）	平成二十六年（2014）	平成二十七年（2015）	平成二十八年（2016）
	当然是城市旅游	城市旅游	偏向城市旅游	偏向乡村旅游	乡村旅游	当然是乡村旅游
	12.1%	24.0%	35.1%	17.3%	6.9%	4.6%

来源：面向国内1000名消费者的调查（2016年2月）

如果能调查到"对乡村旅游感兴趣的人"所具有的特点，并根据分析得出的结果进行营销，即便不进行强硬推销，消费者也会主动找上门来。

那么，"对乡村旅游感兴趣的人"有着怎样的观光特点呢？

一旦了解了目标消费者所具有的特点，就能得知应该如何向他们靠拢。

通过对消费者旅游风格的调查数据进行分析，我们提取出了"对乡村旅游感兴趣的人群"的5大旅游特点（图8-4）。接下来，让我们来具体分析一下"对乡村旅游感兴趣的人群"（乡村旅游派）所具有的特点。

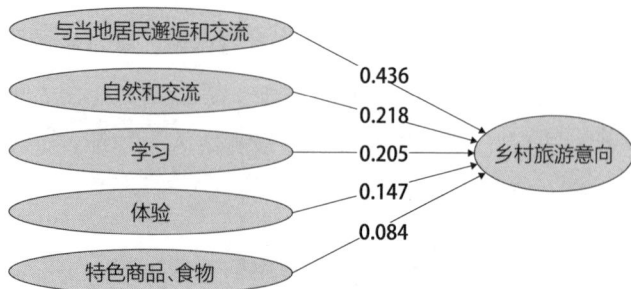

与当地居民邂逅和交流　0.436
自然和交流　0.218
学习　0.205　乡村旅游意向
体验　0.147
特色商品、食物　0.084

图8-4　对乡村旅游感兴趣人群的观光特点

注：1. "与当地居民邂逅和交流""自然"等5个因变量是通过对观光特点的相关内容分析中提取出的因子。自变量"乡村旅游意向"是从"想去乡村旅游"和"相比于城市旅游，更喜欢乡村旅游"这两个变量中提取的主要成分分数值

2. 分析采用逐步回归法。数字为标准回归系数，表示对"乡村旅游意向"的影响程度

来源：1000名消费者调查（居住在东京的20—60岁男女）（2016年10月）

① 重视"与当地居民邂逅和交流"

对乡村旅游感兴趣的人群，选择观光地点时会考虑以下因素：

　　能够与当地居民交流

　　能够邂逅当地居民

　　能够接触当地居民的日常生活

　　想要前往乡村旅游的消费者，不仅想在乡村旅游，更想在当地享受与居民们的交流。

② 重视"自然"

　　对乡村旅游感兴趣的人群，选择观光地点时会考虑以下因素：

　　自然景观丰富

　　能够近距离接触自然

　　风景秀丽

③ 重视"学习"

　　对乡村旅游感兴趣的人群对以下因素较为重视：

　　能够丰富知识、拓宽视野

　　能够提升文化素养

　　能够学习当地文化、传统

　　想要前往乡村旅游的消费者不仅想要参观产地，还想要了解和学习当地的风土文化。

④ 重视"体验"

对乡村旅游感兴趣的人群会考虑：

能够获得平日无法得到的体验

能够获得全新体验

能够获得当地特有的体验

农业体验等项目也将成为颇具魅力的观光活动。

⑤ 重视"只有那个地方才有的商品和饮食"

对乡村旅游感兴趣的人群会在意：

当地特产与特色商品

当地独有的产品

当地特色食物

也就是说，该类人群不仅想要获得产地的新鲜农产品，还期望购买到当地特产与地方特色食物。

让"农业"与"饮食业"做乘法吧

看完了农业与旅游业的乘法效果，接下来，让我们把目光聚焦在农业与饮食行业的叠加组合——农家餐厅。

对消费者而言，农家餐厅不单是依托新鲜农产品提供美味食物的场所，更是将农业拉近身边的一大存在。

对农民而言，经营农家餐厅也大有裨益。例如：

激起生产意愿：看到顾客高兴地给出"好吃"的评价，有助于唤起农民的生产欲望。

把握消费者需求：直接倾听顾客的声音，有助于掌握对农产品的评价。

信息传递：可以向消费者直接传达农民对自家产品的执着。

塑造口碑：直接提供食物，有助于建立现实生活与社交平台上的口碑。

提升附加收益：有助于提高加工品等附加价值带来的收入。

充分利用原材料：有助于充分利用农产品，减少浪费。

农产品销售额提升：举办试吃活动同样有助于提升农产品自身的销售额。

品牌价值提升：消费者参与多种体验，有助于提升农产品自身的品牌形象。

能够被吸引到"农家餐厅"的人们的特征

就像在旅游领域中有城市观光派和乡村观光派一样，就餐厅而言有"对城市餐厅感兴趣的人"，也有"对农家餐厅感兴趣的人"。

见表8-2，约有三成的受访者表示，与城市餐厅相比，农家餐厅更具魅力。

表8-2 城市餐厅、农家餐厅哪一种更吸引你

当然是 城市餐厅	城市餐厅	偏向 城市餐厅	偏向 农家餐厅	农家餐厅	当然是 农家餐厅
14.2%	20.3%	32.5%	21.0%	6.8%	5.2%

那么，"对农家餐厅感兴趣的人（农家餐厅派）"又是怎样的消费阶层呢？

在此，我们调查了农家餐厅派在饮食、购物中展现的特点。掌握了农家餐厅派的特点，就能知道应该如何向该类消费者靠拢。

分析结果如图8-5所示。作为"农家餐厅派"的特点，我们提取出了6个因子。接下来让我们具体分析一下"对农家餐厅感兴趣的人"（农村餐厅派）所具有的特点。

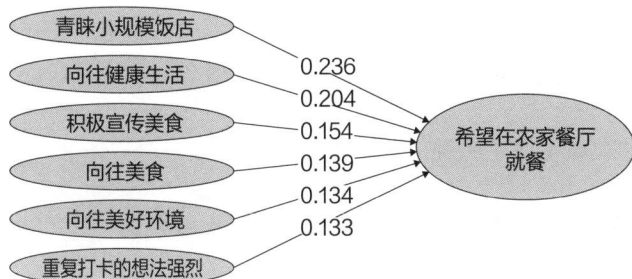

8-5 对农家餐厅感兴趣的人群的观光特点

注：1."青睐小规模饭店""向往健康生活"等 5 个因变量是通过对观光特点的相关内容分析中提取出的因子。自变量"希望在农家餐厅就餐"是从"想去城市餐厅"和"相比于城市餐厅，更喜欢农家餐厅"这两个变量中提取的主要成分数值

2.分析采用逐步回归法。数字为标准回归系数，表示对"希望在农家餐厅就餐"的影响程度

来源：1000 名消费者调查（居住在东京的 20—60 岁男女）（2016 年 10 月）

① 青睐小规模饭店

对农家餐厅感兴趣的人群具有以下特征：

比起大型店铺，会尽可能选择小型店铺

喜欢在小店购物

购物时喜欢与店员交流

农家餐厅规模较小，表面看似弱点，实则并非如此，反倒还能成为其长处。小型店铺经营，制作者可以同食客产生更密切的交流，也更容易向顾客传达小店的固守与坚持。而且相比于大型餐厅，小型餐厅更能帮助生产者发挥个性。

② 向往健康生活

对农家餐厅感兴趣的人群具有以下特征：

选择食品时着重考虑健康与营养

饮食中注重健康

关注食物的保健效果

着重宣传农作物的保健效果，想必也能吸引来大量农家餐厅派。

③ 积极宣传美食

对农家餐厅感兴趣的人群具有以下特征：

经常从朋友身边获取美食信息

经常向他人传播美食信息

比常人更了解食物

也就是说，如果能顺利吸引到农家餐厅派的光顾，就可以期待顾客间产生口口相传的宣传效果。有句俗话讲"物以类聚，人以群分"，偏爱农家餐厅的人群，身边的朋友们很有可能也对农家餐厅情有独钟。

④ 向往美食

对农家餐厅感兴趣的人群具有以下特征：

对食物格外挑剔

大多是美食家

认为食物对自己至关重要

他们认为，农家餐厅提供的食物不能敷衍了事，必须在食物的制作中充分发挥身为农民的专业性与新鲜食材的优势，做到真正的"原汁原味"。

⑤ 向往美好环境

对农家餐厅感兴趣的人群具有以下特征：

自身对环境有所关注

自身生活方式受到环境问题影响

认为自己是环保型消费者

经营农家餐厅，想必对环境的考量也是不可或缺的。

⑥ 重复打卡的想法强烈

对农家餐厅充满兴趣的人群具有以下特征：

想要反复光顾喜欢的店铺

想要反复购买中意的商品

对该类人群而言，只要能让他们喜欢上某商品一次，他们就很有可能成为回头客，从而反复光顾购买，是非常理想的消费群体。

农家餐厅的营销要点

对农民而言，经营普通的西餐厅或日式餐厅恐怕也难以成功。如果不能彻底把身为农民的"优势"物尽其用，那么经营的餐厅注定会埋没在周围无数的店铺中，很难赢得消费者的共鸣。重中之重在于，要理解消费者对农家餐厅所怀有的期待，并给予回应。

接下来，让我们来探讨一下农家餐厅成功营销的要点。

① 经营轴心始终要放在"农业"上

"农家餐厅"，字面上可以拆分为"农家"+"餐厅"，但其轴心自始至终都应是"农家"，而非"餐厅"。农家经营的并非"餐厅"，而是"农家餐厅"。

农家经营餐厅○

经营农家餐厅✕

必须注意的是，经营农家餐厅，就意味着踏进了一个战场。一旦踏进了餐饮界的战场，免不了会卷入激烈的竞争当中。

那么，农家餐厅该如何在与普通餐厅的战斗中逆转战局呢？

具体来说，就是要发挥"大量使用新鲜食材"这一农家独有的优势，凭借"农家独有的优势"决一胜负的信念是不可或缺的。

假设你是一个草莓种植户，可以试着推出加入整颗草莓的刨冰，拿出甜点行业所没有的"秘密武器"来参与竞争；如果是甜瓜种植户，可以推出只有种植户才能做到的100%甜瓜汁；如果是饲养生猪的农家，就推出充分发挥自身商品优势的"炸猪排"；如果开设养鸡场，可以推出大量使用鲜产鸡蛋制作的"蛋包饭"或"亲子盖饭①"来决一胜负。

对消费者而言，"农民的日常饮食"想必也具有很大吸引力。

"这些不过是我们的家常便饭，城里人看到这种食物肯定高兴不起来吧。"

有些农民会有这样的顾虑，其实不然。农村的日常饮食，对大多数城里人来说可不是家常便饭。正是因为平常生活里没有，这才能成为消费者特意光顾的理由。

农民可是农产品的专家，他们平时吃到的农产品应该很好吃，消费者们很可能会产生这种联想。

农民的日常饮食→农民是农产品专家→一定很好吃

把农家餐厅的店面装修得像城市餐厅一样过分时尚或许也不好。毕竟这样一来就失去了农家的本色。

如果无法让人感受到农家风味，就注定很难得到消费者的

---

① 日式餐厅中的主打套餐之一，亲子，指肉类与其卵同食，如鸡肉与鸡蛋，鲑鱼与鲑鱼籽等。

共鸣。对顾客们来说，农民的日常生活就是光顾店铺的价值
所在。

② 在菜单中取消"加法"吧

乌冬面、荞麦面、拉面、天妇罗盖饭、咖喱饭、饭团、豆皮
寿司、大阪烧、章鱼烧、饺子、炸鸡、关东煮……

这是某处山间农家餐厅推出的菜单，种类极其丰富。

"菜品足够多的话，应该能满足顾客们。"

"为了让城里人满意，想丰富菜品的种类。"

我曾经从农民那里听到了诸如此类的说法，然而，理想与
现实却恰恰相反，在菜单上"做加法"的思维是极其危险的。
菜单上"加法"做得越多，农家餐厅独有的"个性"与"讲究"
就会越薄弱，消费者的满意程度也会下降。

如前文所述，对农家餐厅有着特别兴趣的人群，是对食物
有着强烈"执念"的消费者群体。

加之对农民而言，经营资源是有限的，菜单品目越广，投
入到各个菜品的经营资源就越少。

在当今这种个性与讲究当道的成熟社会，"什么都有＝什么
都没有"。

农家餐厅的营销，需要的是"减法"思维，即不做在其他地
方也能吃到的菜，不做随处可见的菜品。

举例来说，如果是草莓农家开设的咖啡馆，就彻彻底底只
推出使用草莓制作的餐品。如果是芥末农家开设的餐厅，除了
使用到芥末的料理外不再提供其他菜品。如果是茶农开设的饮

品店，就不在店内提供咖啡，而是推出完完全全使用茶叶制作
的品类。

③ 制造出"核心产品"

比起提供各种随处都能吃到的菜品，倒不如只提供一种
"推荐菜"来得更加有效。

受消费者青睐的餐厅，通常都会有作为门面的招牌菜。俗
话说得好："逐二兔者不得其一"，便是这个道理。

一说到这家农家餐厅就会想到 A

一说到 A 就会想到这家农家餐厅

试着推出像"A"一样的招牌菜吧。开设一间不在于满足多
样化需求，而是以"A"为人气菜品的农家餐厅。

当今时代，是个性与顾客满意度息息相关的时代。"各种各
样""花样繁多"并不能成为顾客选择的理由。

如果餐厅能有一道让顾客"一见钟情"的招牌菜，也会更
容易得到消费者的青睐。 有了这样一个响当当的名号，餐厅也
会更容易在人群间、社交网络上火爆起来。

④ 重视"现场感"

农家餐厅并非只是单纯销售菜品，为消费者提供"获得
感""完成感""面对面的交流"等现场感受同样十分重要。

"餐厅周边的景色""农村特有的清新空气"都是消费者光顾

的价值所在。在农家餐厅，除了品尝菜品，在餐厅里度过的时间对顾客来说也十分重要。

即使在某个地区成功经营了一家农家餐厅，也不能在其他地区轻易开设分店，因为这样一来不但会失去餐厅营造的现场感，而且会很难得到消费者的共鸣。

农家餐厅与水土的结合十分重要，因为消费者最期待的正在于"在当地品尝到当地特色"。

⑤ 注重"意犹未尽"

受到消费者欢迎的农家餐厅都有一个共同点——回头客众多。

顾客光顾一次后觉得"非常好吃"，当场也得到了满足，但如果这之后再也不来光顾，经营依然会陷入窘境。

有句话讲，"做生意"就是要让人"意犹未尽"，要想确保餐厅有回头客，关键就是要提供吃了还想吃的味道，永远不会腻的味道。

招牌菜再怎么好吃，光吃这一种恐怕也会让人厌倦。在第六次产业化的章节中关于创造长期畅销商品的部分也提到过，农家餐厅的营销中，"不变的东西"（招牌菜单）和"变化的东西"之间的平衡同样十分重要。通过季节限定的方式在菜单上添加变化，想必也是一种让人感到常来常新的有效方法吧。

第9章

那么，让我们向前出发吧

至此，我们已经探讨了农业中营销思维的重要性，以及农业营销的具体实践方向。

对农民来说，理解市场的方向性，即"营销方法"是极其重要的。但是，仅仅停留在理解层面也是无法取得营销成果的。作为市场营销的前提，积极的意识，也就是"干劲"同样不可或缺。

只要有了积极的意识，加以坚持适当的营销战略，就一定能取得营销成果。

干劲×方法×持久力=营销成果

在最后一章中，我们将探讨为促进积极的营销行动而不可或缺的农民的"意识"与"思考方式"问题。

导致营销失败的 4 大误区

在农业现场，我们会注意到一些"误区"和"应当加以留心的想法"，它们会成为阻碍农民积极挑战的因素，很有可能导致营销失败。

接下来，让我们来具体看看会有哪些误区，这些误区又会带来怎样的危险。

在这里会提到如何看待"消费削减""继承者问题""小规模农业""经营改善"等问题。

误区 1　消费者疏远××导致形势严峻

第一大误区是认为农业萧条的原因在于"疏远××""消费减少"等消费者层面的问题。

大米行业萧条的原因在于消费者疏远大米

茶业萧条的原因在于消费者减少了茶叶方面的支出

最近的年轻人都不喝茶了，行业的未来是灰暗的

茶业萧条的原因在于消费者疏远茶壶

诸如此类，将行业萧条的原因归结于消费者的想法不在少数，但事实果真如此吗？

或许，表面上看到的"原因"和"结果"，与现实是完全相反的。

大米行业并非因消费者"疏远大米"而萎靡不振,而是因为市场营销等"方法"存在问题,才致使人们不再多购买大米。茶叶的购买量下降不是因为"减少了茶叶方面的支出",而是因为营销不够到位。与其说是"最近的年轻人不喝茶",倒不如说是业界"没能提供年轻人想喝的茶"。与其说消费者"疏远茶壶""茶壶太麻烦了,所以不用",不如说是业界"没有向消费者传达使用茶壶泡茶的乐趣",因而消费者疏远了茶壶。

以咖啡为例,现在就连超市都开始贩卖手磨咖啡机了。这是为什么呢?当然是因为咖啡领域向消费者传达了享受咖啡冲泡过程的理念。

要想取得营销成果,就不能像过去那样把"疏远××"(消费减少)视为市场萧条的"原因",而要将萧条的原因归结于"营销方法"不当招致的"结果"。

(原因)　　　　　(结果)

×疏远×× 　　　→ 产业萧条

○营销方式存在问题 → 疏远××

我们存有一种心理倾向,会无意识地将业绩不佳归咎于"疏远××"之类的外在因素,这样的思考方式必须得到重视。如果农民总是将市场萧条的原因归结于"疏远××""消费减少"等消费者因素,那他们就永远无法实现自救和创新,更不会产生发起挑战之类的积极意识。

请看图9-1。越是将业绩低迷的主要原因归结于"消费者生活方式发生了变化"的农民,业绩不良的情况就越明显。

（主成分得分）

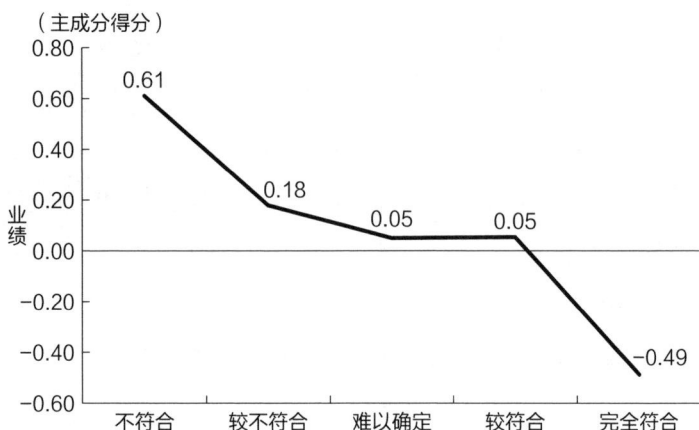

图 9-1　农业的衰退，是因为消费者的生活方式发生了变化

注：同图 4-4

来源：全国农民调查（$n=469$）（2016 年 2 月）

"当你用一根手指指向他人时，也看看另外三根手指指向哪里。"

把问题归结于外部因素之前，首先要考虑自己的做法是否存在问题。

所谓业绩，正是"外在因素"与"自身的行动方式"（内在因素）的加乘。"外在因素"造成的问题，靠自己的力量是无法解决的。

或许准确来说，正是因为问题靠自身无法解决，才变成了所谓的"外在因素"。而能够做出改变的，正是"自身的行动方式"（内在因素）。

$$业绩 = 内在因素 \times 外在因素$$
$$（可以改变）（无法改变）$$

真正的专业人士，纵使面对失败，也不会把责任推卸到"外在因素"身上。在职业棒球赛事里，击球员打不好球会把责任推卸到投手身上吗？当然是不可能的。在自身方面寻找市场萧条的原因，这才能称作真正的专业。

停止抱怨外在因素。抱怨改变不了任何局面，只会让时间白白流逝。只有把目光转向内在因素，自身做出改变才会卓有成效。

误区 2　产业后继无人导致形势严峻

第二大误区与继承人问题的思考方式有关。

产业后继无人，农业形势严峻。
农业因生产者的高龄化逐渐衰退。

在农业领域，诸如此类的见解屡见不鲜。向农民询问经营面临的问题时，也有很多人提到了"接班人不足"的问题。

那么，"接班人不足"真的是造成行业形势低迷的"原因"吗？其实，这可能也和误区 1 一样，将原因和结果摆放错了位置。

行业并非因后继者不足而"萎靡不振"，而是因"萎靡不振"才导致了后继者不足。

（原因）　　　　（结果）

✕后继者不足　→　　产业萧条

○产业萧条　→　　后继者不足

通过数据可以更加明了地看待这一问题。

请看图9-2。从图中数据可以看出，营销效益良好的农民大都后继有人。"如果农业既能发家致富又有强大吸引力，那接班人肯定会出现的。"（70多岁的农民）"现在有一种以高龄为理由止步不前的倾向，我们想打破这种局面。"（30岁的农民）

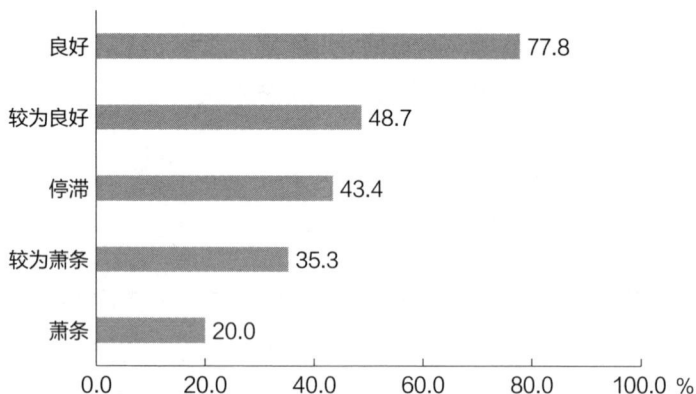

良好　　　77.8

较为良好　　48.7

停滞　　　43.4

较为萧条　　35.3

萧条　　　20.0

0.0　　20.0　　40.0　　60.0　　80.0　　100.0 %

图 9-2　效益良好的农民后继有人

注：数据为对"是否有后继者问题"给出"是"回答的统计

来源：静冈市·岩崎研究所调查（2014年10月）·n = 183（静冈市认定农民）

如果能有效地进行市场营销，使农民恢复信心，绝大多数的接班人问题就能迎刃而解。

误区3　规模较小难以竞争

第三大误区与"小规模农业"有关。经常听到有人说："日本农业规模太小，难以同其他国家竞争。"但事实果真如此吗？

在农业领域有着较高国际地位的荷兰与丹麦，两国的国土面积仅有日本的11%。而乳制品出口量居世界第一的新西兰，国土面积也只有日本的71%。

从第1章提到的"人均农产品和粮食产品出口额世界排名"（表1-1）来看，排名靠前的国家，都是比日本小或者和日本差不多大的国家。将农业竞争力低的原因归结于农业规模太小的想法是有害的。

放眼国内市场，小规模农业也吃到了规模带来的红利。在这里，让我们来看一看日本消费者需求的大走向。

（20世纪）		（21世纪）
整齐划一	→	追求个性
量	→	质
综合性	→	专业性
无可挑剔	→	货真价实
效率至上	→	感性优先
全国范围	→	地方区域

在21世纪消费者追求的个性、质量、专业性、货真价实、感性、地方区域等维度上，占据优势的到底是大规模农业还是小规模农业呢？

对任何一个项目而言，都不是只要规模大就能占据优势，有时小规模反倒也能占据有利地位。没错,现在已经不再是将小规模同弱者画等号的时代了。

尽管如此,小规模农业营销者如果持有"一味追求扩张,认为大就是好"的想法同样十分危险。这也是因为大规模农业自有其"大"方向,小规模农业自然也有自己的"小"方向。

误区4 只要改善经营就能壮大自身

第四大误区,有关于注重"改善"的农业营销方式。

在农业营销领域,"改善经营"一词常常被搬出来使用。然而实际上,注重"改善"的思考方式却很可能阻碍市场营销的发展。

这是为什么呢?

所谓改善,其实是以缺点、弱点、劣势为中心的思考方式,因而像"优点的改善""强项的改善"之类的说法明显会带来不协调的感觉。"改善"一词其实意为"缺点的改善"与"弱点的改善"。

"生产者们只看得到缺点。"这是某个农民说的话。产品的缺点即使得到了改正,最多也只能达到差强人意的水准,或是勉强达到了平均分,完全没有个性。

想要获取市场营销的成果,比起改善"弱点"(缺点),倒不如找出哪怕只有一处"强项"(优点),并将其发扬光大更为有益(参照图9-3)。

一种带苦味的啤酒,如果只考虑解决消费者投来的对"苦味"的抱怨,一旦在改良中抛弃了苦味,便会瞬间失去特色,变成随处可见的啤酒,最终断了销路。这也意味着,只能达到业界平均水平的商品,注定无法成为品牌。

A组（回答者的50%）　　　　　　B组（回答者的50%）

"优质苹果酱"　　　　　　　　　"优质苹果酱"

拜托专注生产苹果30年的农户、青森县津轻平原的山田先生，采摘树上甘甜成熟的苹果，花费时间手工做成

（没有故事）

| A组（有故事的标示） | 818日元 |
| B组（没有故事的标示） | 759日元 |

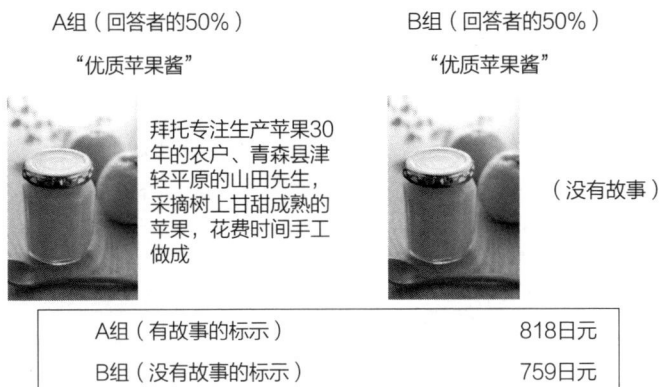

图9-3　"增强优势"胜过"改善弱点"

无论什么产品，总归都会有一两处缺点。

一个优秀的品牌，纵使产品存在缺点，也会有弥补缺点的优势所在。

能够帮助农民做大做强的并非"改善经营"，而是"提高经营水平"与"发展经营"。

　　　　　×改善弱点
　　　　　○增强优势

稍有缺点，反而更容易给消费者留下印象。正因为有了弱点，才会更加凸显个性，吸引消费者。

香水的迷人香味本质上也是"芳香"与"恶臭"的组合。一味地组合芳香成分，香水就变成了单纯的芳香剂。

转换一下视角，"弱点"或许也能变成"强项"。接下来举几个例子。

（弱点）	视角转换	（强项）
外皮太硬	→	有嚼劲
味道不稳定	→	享受味觉的变化
生产量低下	→	稀有商品
形状不规则	→	外表富有个性
味道很淡	→	口味清淡
带有酸味	→	口味清爽
味道有差异	→	享受味觉的变化
味道平淡	→	不会腻的口味

"弱点"不仅可以成为个性，转换视角来看也还可以成为"强项"。决定农产品"强项"或"劣势"的并非生产者，而是消费者。只站在生产者的角度得出结论的想法亟须得到关注。

那么，行动起来吧

感觉自己做什么都没用，所以就放弃了。

对现状感到满足，停下了积极挑战的脚步。

对农民来说，最大的"威胁"或许就是自己的内心。

农民当前所处的环境正在发生着变化，在这样的变化中，"维持现状"就意味着"向后倒退"。真正想要维持现状，至少要配合世界的动向进化自己。

试着问问自己以下问题。

自己有在进化吗？（脚步有没有更向前了一点？）

自己有在深化吗？（内心有没有更深邃了一点？）

自己有在新化吗？（有没有创造出一些新东西？）

请看图9-4。

越是积极发起挑战的农民，越能取得良好的业绩。这也意味着，如果因害怕失败而不采取行动，就注定无法收获营销带来的成果。

失败并不是成功的反义词，二者在本质上面朝着同一个方向。失败也是重要的"学习"，是将来发育为成功的种子。

在"挑战"与"成果（成功与失败）"的循环往复中，农民也在逐渐发生着"进化"（图9-5）。

（主成分得分）

0.60

0.40

0.20

业
绩 0.00

−0.20

−0.40

−0.60

−0.80

−0.04

−0.11

0.25

0.46

0.72

不符合　　较不符合　　难以确定　　较符合　　完全符合
不断积极挑战

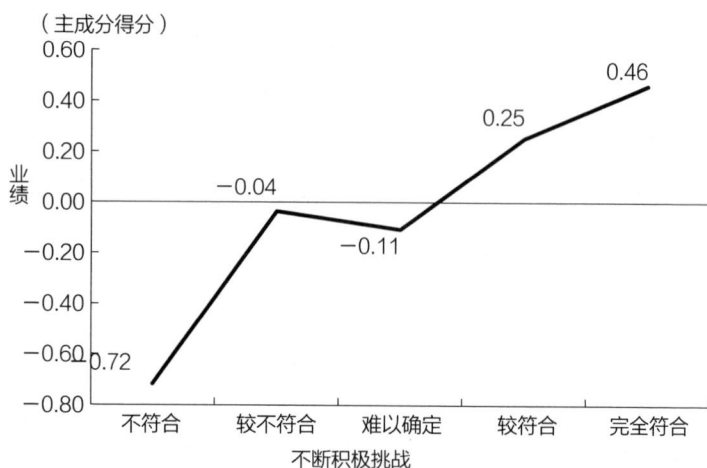

图 9-4　越积极挑战的农民，越能获得良好业绩

来源：全国 1000 名消费者调查（2014 年 8 月）

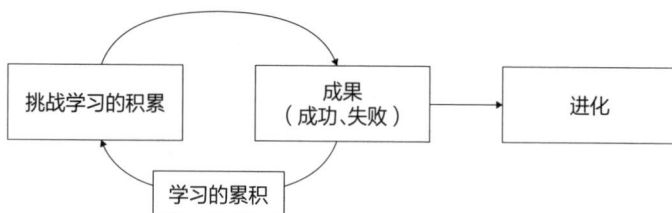

挑战学习的积累 → 成果（成功、失败） → 进化

学习的累积

图 9-5　持续不断的挑战与进化息息相关

　　市场营销并不是"短跑"比赛，重点不在"瞬间爆发力"，而在于"持久力"。即便是很小的挑战，只要过程中不断积累，就会取得巨大的进步。

　　市场营销，永远都不会太晚，更没有终点。

　　来！让我们一起向前迈进吧！

后 记

如果顺风拂来，就扬起帆吧。

如果风平浪静，就划起桨吧。

如果逆风袭来，试着向右转，

逆风也会变为顺风。

每当看着那些积极挑战、收获累累硕果的农民，我都会深深地感受到他们是秉承着上文所包含的"3个理念"而行动的。

顺风扬帆＝制造机会

逆风划桨＝自我努力·求实创新

右转航线＝转换思维

如果将这 3 个理念铭记于心，那么不管时代的风是吹是停，不管风吹往哪个方向，都一定能做出积极的行动。

本书针对今后农业的营销发展方向进行了讨论。市场营销的知识，只有得到了实际运用才能真正转化为价值。如若不能付诸实践，学习知识无异于纸上谈兵。

21 世纪的农业，不能再是只让人一味烦恼却不愿付诸行动的"烦恼行业"。重点在于，要将所学的知识付诸行动当中。

如果本书能为与农业和饮食行业的相关人群贡献一点力量，帮助他们积极行事、发起新的挑战，我将不胜荣幸。

正如本文所述，农业和食物富有活力的国家是幸福的国家。这种关系不仅适用于国家，也适用于"地区"和"家庭"。21世纪的农业，与其称其是播撒"作物种子"的工作，不如说是播撒"幸福种子"的工作。

充满美味的国家，是幸福的国家。

充满美味的地区，是幸福的地区。

充满美味的家庭，是幸福的家庭。

最后，在此向带给我颇多收获的所有农民和阅读本书的各位读者表示衷心的感谢。

岩崎邦彦

参考文献

［1］阿拉德纳·克利须那.《感官营销——顾客的感官如何影响购物》.有斐阁，2016 年

［2］阿尔·里斯等.《广告的衰落与公共关系的兴起》.翔泳社，2003 年

［3］稻垣荣洋.《向杂草学习——"杂草式"生活方式》.亚记书房，2012 年

［4］岩崎邦彦.《以小胜大的经营法则》.日本经济新闻出版社，2012 年

［5］岩崎邦彦.《小型商业经营——以小规模为优势的经营计划》.中央经济社，2004 年

［6］岩崎邦彦.《做减法的勇气——使公司变强的逆向思维》.日本经济新闻出版社，2015 年

［7］岩崎邦彦.《绿茶营销——从"茶叶生意"到"放松生意"》.农山渔村文化协会，2008 年

［8］上原征彦（著·编辑）.《开创农业经营新时代的商业设计》.丸善出版，2015 年

［9］大泉一贯.《理想的日本农业论》.NHK 出版，2014 年

［10］大泉一贯.《日本农业将转变为增长型产业》.洋泉

社，2009 年

[11] 大竹文雄等.《日本的幸福指数——差距·劳动·家庭》.日本评论社，2010 年

[12] 大桥正房等.《"美味"的感觉和语言——口感的世代》.B.M.TF 出版部，2010 年

[13] 绀野登.《幸福小国——荷兰的智慧》.PHP 研究所，2012 年

[14] 泽浦彰治.《农业成功之人·不成功之人——8 个秘诀帮助没有经验的人也能稳定经营》.钻石社，2005 年

[15] 西奥多·莱维特.《西奥多·莱维特谈市场经营》.钻石社，2007 年

[16] 高岛宏平.《Life is Vegetable——从 Oisix 创业中学到的 8 点启示》.日本经济新闻出版社，2015 年

[17] 戴维·阿克.《伙伴优先战略》.钻石社，1997 年

[18] 戴维·阿克.《伙伴平等战略》.钻石社，1994 年

[19] 21 世纪政策研究所编.《2025 年的日本农业经营》.讲谈社，2017 年

[20] 久松达央.《建立小而精悍的农业》.晶文社，2014 年

[21] 弘兼宪史.《岛国耕作的农业论》.光文社，2015 年

[22] 伏木亨.《人类是用大脑吃饭的》.筑摩书房，2005 年

[23] 伏木亨.《味觉与嗜好的科学》.丸善出版，2008 年

[24] 藤岛广二等.《食品营销理论》.筑波书房，2016 年

［25］本田宗一郎.《得意扬帆》.光文社，2014 年

［26］杰拉尔德·温伯格.《咨询的奥秘》.共立出版，
1990 年

译者后记

在翻译之前我心里有点好奇这究竟是一本怎样的农业营销教科书，也有一点担心书里是否充斥着大量艰涩难懂的专业术语。

着手翻译了之后，我才发现其实这本书语言十分通俗易懂，文字新鲜有趣，而且使用了大量的图表、照片等，让人一目了然。作者根据自身丰富的经历列举了大量翔实的事例、问卷调查，讲解得非常细致，思维清晰，观点新颖明确，连译者这样的一个外行都被深深吸引了。书中有很多生动的观点都很打动我，比如如何将生产者视角转变为消费者视角，怎样才能打造强大的品牌，怎样做第六次产业化才能成功……每一个章节都吸引我热忱认真地读下去。

语言看似平实简单，但翻译起来却没那么容易。翻译是一项专业性很强的技能，需要具备扎实的文化背景、缜密的语言组织表达能力、多样的翻译技巧，既要符合中国人的语法结构和用语习惯，又要忠实地表达语言所有的意义。就此次的翻译实践来说，是一次很有挑战性的体验，让我体验到若想做到"信达雅"是很不容易的一件事情。

在翻译期间，我也遇到了很多困难，比如：文意的理解掌握、句子成分分析、词意的表达等都是贯穿在整个翻译过程中的问题。

首先，准确理解文章，就必须先解决单词、句段的意思理解，先整体通读一遍并标记不理解或不确定的单词，第二遍逐字逐句逐段借助各种词典进行确认和反复的校对。

其次，对于专业词汇的准确性再三进行确认和核对，利用相关的学术搜索引擎查询，确定其准确意思。

再次，由于两种语言的文化背景及理解习惯的差异性，有时即使能够基本理解日文所表达的意思，但若想使用合适的汉语词汇来表达却还是比较困难，所以会造成本来就比较简单的一个句子，会因为汉语词汇运用不当，造成译文繁冗复杂的情况。想要译文精准且本土化，不仅取决于对源语言的理解，还取决于译者本人对其想要传达的信息有深刻准确的理解。

此外，我还灵活运用了多种翻译手法。该书属于介绍性书籍，相较于记叙文和散文，其实运用到意译手法的部分是很少的，既不用像散文抒情表意，也不用像记叙文优美生动，最重要的是应该忠实于源语言所要表达的意思。对于该书中很多长句的翻译处理，先分析句子成分然后断句，最后长句分成短句，使表达更加流畅自然。

这次翻译工作，是一个锻炼自己的翻译技巧的好机会，也是一个重新审视自己的过程，发现自身存在的不足，能够从中总结经验办法，以便更好地为将来的翻译工作奠定坚实的基础。

这本书的作者对今后农业的营销发展方向进行了讨论，他的经验和观点都十分宝贵，极具参考价值。希望这些宝贵的市场营销知识，通过国内的农业生产者的实际运用能够真正转化为价值。如果此译作能为在国内从事农业和饮食行业的相关人士提供参考，也算是译者翻译的艰辛没有白费，为国内的农业发展贡献了微薄之力。译者水平有限，倘若有不正之处，敬请赐教。